Os Livros Sagrados de Thelema

Aleister Crowley

Os Livros Sagrados de Thelema

Tradução:
Vitor Cei

MADRAS

Publicado originalmente em inglês sob o título *The Holy Books of Thelema*.
Direitos de tradução para todos os países de língua portuguesa.
© 2024, Madras Editora Ltda.

Editor:
Wagner Veneziani Costa (*in memoriam*)

Produção e Capa:
Equipe Técnica Madras

Conselho Científico de Tradução:
Profª. Drª. Andréia Penha Delmaschio – Instituto Federal do Espírito Santo
Profª. Drª. Sarah Maria Forte Diogo – Universidade Estadual do Ceará
Profº. Dr. Vitor Cei Santos – Universidade Federal de Rondônia

Tradução:
Vitor Cei

Revisão da Tradução:
Jefferson Rosado

Revisão:
Jerônimo Feitosa
Ana Paula Luccisano
Margarida Ap. Gouvêa de Santana

**Dados Internacionais de Catalogação na Publicação
(CIP) (Câmara Brasileira do Livro, SP, Brasil)**

Crowley, Aleister, 1875-1947   Os livros sagrados de Thelema / Aleister Crowley ; tradução Vitor Cei.
-- São Paulo : Madras, 2024.
Título original: The holy books of Thelema
ISBN 978-85-370-1156-0

1. Esoterismo 2. Magia 3. Ocultismo I. Título.
18-18868   CDD-133

Índices para catálogo sistemático:
1. Thelema : Livros sagrados : Ocultismo 133
Maria Paula C. Riyuzo - Bibliotecária - CRB-8/763

Embora esta obra seja de domínio público, o mesmo não ocorre com a sua tradução, cujos direitos pertencem à Madras Editora, assim como a adaptação e a coordenação da obra. Fica, portanto, proibida a reprodução total ou parcial desta obra, de qualquer forma ou por qualquer meio eletrônico, mecânico, inclusive por meio de processos xerográficos, incluindo ainda o uso da internet, sem a permissão expressa da Madras Editora, na pessoa de seu editor (Lei nº 9.610, de 19/02/1998).

Todos os direitos desta edição, em língua portuguesa, reservados pela

MADRAS EDITORA LTDA.
Rua Paulo Gonçalves, 88 – Santana
CEP: 02403-020 – São Paulo/SP
Tel.: (11) 2281-5555 – (11) 98128-7754
www.madras.com.br

Índice

Prefácio 7

Liber LXI: Livro das Causas 17

    A Lição Preliminar 19

    A Lição de História 21

Liber I: Livro do Magus 29

Liber VII: O Livro do Lápis-Lazúli 34

Liber X: Livro do Portão de Luz 67

Liber XXVII: Livro dos Trigramas das Mutações
do Tao com o Yin e o Yang 72

Liber LXV: Livro do Coração Enroscado pela Serpente ... 79

Liber LXVI: Livro da Estrela de Rubi 116

Liber XC: Livro do Anzol Hermético 124

Liber CLVI: Livro da Muralha de Abiegnus 130

Liber CCXX: O Livro da Lei 135

Liber XXXI: O Livro da Lei (Manuscrito Original) 160

Liber CCXXXI: Livro dos Arcanos de Thoth.
Livro dos Cárceres de Qliphoth 228

Liber CCCLXX: Livro da Criação ou do Bode do Espírito 234

Liber CD: Livro da Cabala das Três Letras 241

Liber DCCCXIII: Livro de Ararita 244

Apêndice – *Liber LXXVII: Liber Oz* 255

Prefácio

"Faz o que tu queres deverá ser o todo da Lei."

Edward Alexander Crowley nasceu em Royal Leamington Spa, cidade no condado de Warwickshire, na Inglaterra, em 12 de outubro de 1875. Ele morreu de causas naturais em 1º de dezembro de 1947 da era vulgar, em Netherwood, Hastings, condado de East Sussex, no sudeste do país. Durante a vida, foi conhecido por vários nomes e motes, dentre os quais se destacam Aleister (forma gaélica de Alexander), TO MEGA THERION (A Grande Besta), 666, Mestre Therion e V.V.V.V.V. (*Vi Veri Veniversum Vivus Vici,* Pela Força da Verdade Eu Conquistei o Universo Ainda Vivo).

Doravante, passados mais de 70 anos da morte de Crowley, os direitos autorais de suas obras, que pertenciam à **O.T.O. (Ordo Templi Orientis)**, estão em Domínio Público nos países signatários da Convenção de Berna, permitindo o cumprimento do dever de todo homem e de toda mulher thelemitas: difundir o ordálio do conhecimento dos *Livros Sagrados de Thelema*, pois a Lei é para todos.

A fim de celebrar a liberdade de tradução e publicação da obra do mais notável magista e escritor ocultista do século XX, a Madras Editora oferece aos leitores de língua portuguesa nova tradução integral deste livro, originalmente publicado em 1909 com o título grego

ΘΕΛΗΜΑ. Em 1983, a O.T.O. publicou a edição mais conhecida (que serviu de base para esta tradução), incluindo paratextos, apêndices e o subtítulo *The Holy Books of Thelema*.

Este volume, que inclui uma introdução (*Liber LXI Vel Causæ*), um apêndice (*Liber Oz*) e notas do tradutor, subdivide-se em 14 livros sagrados, textos Classe A, que Crowley declara não serem de sua autoria, pois foram apenas redigidos por ele em hierofanias ou epifanias. Portanto, são considerados trabalhos inspirados, ou revelados, que apresentam características em comum com outras escrituras sagradas: estão acima das necessidades e dos valores imanentes; encarnam uma tradição religiosa com práticas rituais; empregam alegorias temporais para representar o mistério que transcende o tempo; fazem referência ao transcendente e a lugares de pertença, de tradição e de experiência. E o mais importante: seguem o princípio da imutabilidade do cânone religioso, em que mínimas variações de uma só letra são capazes de invalidar, de maneira irreversível, todo o sentido dos textos sagrados.

Estes livros apresentam a fórmula mágica do Æon de Hórus, composta por enunciados, axiomas ou conjuntos de símbolos da criança coroada e conquistadora, que reconcilia e transcende a fórmula dos Æons de Ísis e Osíris. Cada *liber* assume uma perspectiva distinta do sistema thelêmico, funcionando como um conjunto polifônico capaz de alcançar unidade. Assim, constitui o patrimônio espiritual thelemita, mas que não se reduz a um conteúdo formalizado em determinada Escritura, na qual os adeptos precisam acreditar e observá-la cegamente, pois Thelema é, antes de tudo, uma experiência interior.

A introdução (*Liber LXI Vel Causæ*), "Livro das Causas", texto de Classe D (categoria que abrange rituais e instruções oficiais), serve de lição preliminar, incluindo informações históricas sobre a origem do movimento thelemita, mais especificamente, a decadência da Golden Down e a ascensão da A∴ A∴ (Astrum Argentum).

Liber I (*Liber B Vel Magi Sub Figurâ I*), "Livro do Magus", apresenta um relato do Grau de Magus, o mais alto grau possível de ser manifestado de alguma forma neste plano, de acordo com os Mestres do Templo. I é o número do Magus no Tarô, cuja letra é B.

Liber VII (*Liber Liberi Vel Lapidis Lazuli, Adumbratio Kabbalæ Ægyptiorum Sub Figurâ VII*), "O Livro do Lápis-Lazúli", oferece aos Neófitos as palavras de nascimento de um Magister Templi. Seus sete capítulos se referem a sete astros, na seguinte ordem: Marte, Saturno, Júpiter, Sol, Mercúrio, Lua e Vênus. Ele foi recebido em 29 de outubro de 1907 e.v.

Liber X (*Liber Porta Lucis Sub Figurâ X*), "Livro do Portão de Luz", é um relato do envio de Mestre Therion pela A∴A∴ e o esclarecimento de sua missão, que consiste basicamente em cuidar dos seus discípulos e obter uma compreensão perfeita do Universo. O título faz referência ao *Malkuth*, última sephirah da árvore da vida cabalística, cujo número é X: o Décimo Caminho, que se chama Inteligência Resplandecente. Ele foi recebido em 12 de dezembro de 1907 e.v.

Liber XXVII (*Liber Trigrammaton Sub Figurâ XXVII*), Livro dos Trigramas das Mutações do Tao com o Ying e o Yang, apresenta um relato do processo cósmico: correspondendo às estrofes de Dzyan em outro sistema. Este livro foi recebido em 14 de dezembro de 1907 e.v.

Liber LXV (*Liber Cordis Cincti Serpente Sub Figurâ* אדני), "Livro do Coração Enroscado pela Serpente", expõe um relato das relações do Aspirante com o seu Sagrado Anjo Guardião. Seus cinco capítulos fazem referência aos cinco elementos: terra, ar, água, fogo e espírito. Este livro é dado aos Probacionistas, pois o conhecimento e a Conversação do Sagrado Anjo Guardião são a Coroa do Colégio Externo. LVX é o número de Adonai. Este livro foi recebido entre 30 de outubro e 3 de novembro de 1907 e.v.

Liber LXVI (*Liber Stellæ Rubeæ Sub Figurâ LXVI*), "Livro da Estrela de Rubi", apresenta o ritual secreto de Apep, o Coração de IAO e

OAI, entregue para V.V.V.V.V. para seu uso em uma certa questão de *Liber Legis* e escrito sob a figura LXVI, que se refere à soma dos primeiros 11 números. Ele foi recebido em 25 de novembro de 1907 e.v.

Liber XC (*Liber Tzaddi Vel Hamus Hermeticus Sub Figurâ XC*), "Livro do Anzol Hermético", oferece um relato da Iniciação e uma indicação para aqueles que são designados a ela. Serve aos pescadores de homens.

Liber CLVI (*Liber Cheth Vel Vallum Abiegni Sub Figurâ CLVI*), "Livro da Muralha de Abiegnus", oferece um relato perfeito da tarefa do Adeptus Exemptus, considerada sob os símbolos de um plano em particular, não o intelectual. CLVI faz referência a Babalon.

Liber CCXX (*Liber AL Vel Legis*) e Liber XXXI (AL, *O Livro da Lei*) são os textos mais importantes desta obra. O primeiro é a transcrição do segundo, que é cópia do manuscrito de Ankh-af-na-Khonsu (Aleister Crowley) que foi ditado por Aiwass, o ministro de Hoor-Paar-Kraat (Harpócrates, uma das formas do deus Hórus). CCXX refere-se aos 220 versos nos três capítulos do livro, enquanto XXXI refere-se à soma dos valores atribuídos às letras A e L (1 e 30), que formam o nome do livro. Ele foi ditado no Cairo entre 8 e 10 de abril do ano 1904 e.v., inaugurando o Novo Æon, a fórmula mágica da criança coroada e conquistadora, que reconcilia e transcende a fórmula dos dois Æons antecessores.

Vale lembrar que Crowley reconhecia nos deuses egípcios Ísis, Osíris e Hórus (mãe, pai e filho) as fórmulas mágicas características das três últimas eras. O Æon de Ísis, a fórmula da Grande Deusa, teria começado aproximadamente em 2400 a.C., data que também definiria o começo da era astrológica de Áries. O período seria marcado pela veneração da natureza e pelo matriarcalismo, sendo a natureza percebida como um processo contínuo de crescimento espontâneo e as mulheres vistas como fontes da vida.

O Æon de Osíris revolucionou a consciência de gênero e a organização social, marcando o fim do matriarcalismo e o início do patriarcalismo: a Grande Deusa assumiu o lugar de esposa do Deus Pai. A fórmula patriarcal osiriana, que também é a cristã, venera a morte e adora cadáveres, tendo se cristalizado como o mito central de incontáveis culturas e civilizações, continuando a dominar até hoje a vida espiritual e sociocultural da maior parte da humanidade.

É importante destacar que os Æons são marcados por uma cosmovisão predominante, mas não constituem períodos estanques. Ou seja, o iniciar de uma era não significa o fim das anteriores, mas sua perda de influência. Dessa forma, ainda se encontram os antigos valores no decorrer do tempo. Nesse sentido, desde o início do século XX vem acontecendo um combate entre as forças dos Æons de Hórus e Osíris, o filho libertário contra o pai autoritário.

Na sequência, o Liber CCXXXI (*Liber Arcanorum* των *ATU* του *TAHUTI QUAS VIDIT ASAR IN AMENNTI Sub Figurâ CCXXXI. Liber Carcerorum* των *QLIPHOTH cum suis Geniis*), "Livro dos Arcanos de Thoth. Livro dos Cárceres de Qliphoth", faz um relato do processo cósmico, na medida em que é indicado pelos Trunfos do Tarô. CCXXXI faz referência à soma dos números impressos nos Trunfos do Tarô. Recebido em 1907 e.v.

Liber CCCLXX (*Liber A'Ash Vel Capricorni Pneumatici Sub Figurâ CCCLXX*), "Livro da Criação ou do Bode do Espírito", contém o verdadeiro segredo de toda a Magick prática. Analisa a natureza da força mágica criativa no homem, explica como despertá-la, como usá-la e indica os objetivos gerais e particulares a serem alcançados. CCCLXX refere-se ao valor gemátrico da palavra hebraica *A'Ash*, criação.

Liber CD (*Liber Tau vel Kabbalæ Trium Literarum Sub Figurâ CD*), "Livro da Cabala das Três Letras", oferece uma interpretação gráfica do Tarô no plano da iniciação. Analisa o alfabeto hebraico em sete tríades, cada uma das quais forma uma Trindade de ideias simpáticas relativas, respectivamente, às Três Ordens contidas na A∴A∴. Ele foi recebido em 13 de dezembro de 1907 e.v.

Liber DCCCXIII (*Vel Ararita Sub Figurâ DLXX*), "Livro de Ararita", apresenta um relato do Hexagrama e do método de reduzi-lo à Unidade e Além. Ele descreve, em linguagem mágica, um processo secreto de Iniciação. DCCCXIII refere-se ao valor gemátrico da palavra Ararita, um dos nomes de Deus, abreviação da sentença hebraica "Achad Rosh Achdotho Rosh Ichudo Temurato Achad", que significa "Um é Seu Início; Uma é Sua Individualidade; Uma é Sua Permutação".

O Liber LXXVII (*Liber Oz*), em apêndice, é um manifesto que resume os preceitos da Lei de Thelema e serve como Declaração dos Direitos Humanos para o Novo Æon. Ele foi redigido ao longo de vários meses no segundo semestre de 1941 e.v. *Oz*, em hebraico, significa glória, poder e força, tanto nos sentidos físico quanto político. LXXVII refere-se ao valor gemátrico da palavra *Oz*.

A Lei de Thelema emerge da crença na inutilidade das lutas no campo político-institucional, pois elas redundariam sempre em alguma forma de opressão ao indivíduo. A transformação social viável para resolver os problemas do homem dentro da sociedade só poderia ser alcançada na medida em que cada um pensasse por si mesmo, suprimindo todas as formas de autoridade estabelecidas, tendo em vista a realização dos desejos individuais.

Nesse sentido, Crowley foi um poeta da liberdade irrestrita e da vontade como máxima soberana, além de defensor do uso de sexo e drogas para fins mágicos. Foi partidário de um individualismo extremista, apregoando a autonomia individual na busca de liberdade e satisfação das inclinações naturais, em detrimento da hegemonia da coletividade massificada e despersonalizada. Sua Magick condena todas as formas de poder e autoridade que restrinjam a soberania e a liberdade do indivíduo.

Não se trata, como afirmam os detratores – que denominaram Crowley "o homem mais perverso do mundo" –, de uma justificativa superficial para uma existência de divertimento e hedonismo, mas, sim, da fundação de uma nova religião, ou filosofia, em nova esfera, distante do eixo principal em torno do qual se revolve a vida espiritual judaico-cristã. Nesse sentido, Thelema pode ser caracterizada como uma religião secular, mas também como uma ética filosófica.

Ao contrário das religiões tradicionais, que são predominantemente fundamentadas em dogmas manipulados por instituições religiosas, Thelema funda-se nos princípios da liberdade e dos direitos individuais, extensivos à humanidade como um todo. Afastando-se do dogma, aproxima-se do conceito grego clássico de *Paideia* e do moderno conceito alemão de *Bildung*, pois enfatiza o cultivo e o desenvolvimento da vida interior como um processo infinito de autoaperfeiçoamento que se fundamenta no pensamento autônomo.

A Lei de Thelema não deve ser interpretada como uma licença para a realização de qualquer capricho individual, mas como uma missão para se encontrar sua verdadeira vontade, o propósito da sua vida, permitindo que todos possam percorrer seu autêntico caminho individual. A compreensão e a aceitação da Lei de Thelema são o que define um thelemita, que tem na descoberta de sua verdadeira vontade sua maior motivação.

A obra de Aleister Crowley é reveladora de uma experiência múltipla e polissêmica. Com seu discurso do corpo, da festa, da droga e da busca de novas formas de percepção, Thelema tem impulsionado trajetórias existenciais de grande força contestatória. A ideia de Novo Æon continua representando a possibilidade de escapar à barbárie sufocante do mundo em que vivemos.

*****

Esta tradução foi feita com base na edição *The Holy Books of Thelema*, editada pela Ordo Templi Orientis. O *Liber Oz*, que não consta desse volume, foi traduzido a partir do *The Oriflamme* (volume 1, número 11), disponível no site da *Astrum Argentum*.

As versões em língua portuguesa consultadas durante a elaboração desta foram: *Os Livros de Thelema*, edição da Fundação Aleister Crowley que foi traduzida por Claudio Domingues Breslauer e publicada pela Madras Editora em 1997; as traduções de Frater Ever (Marcelo Ramos Motta) e Frater Keron-ε (Hermann Faulstich), publicadas pela Astrum Argentum (sem registro de data); as traduções de Arnaldo Lucchesi Cardoso, publicadas pelo Espaço Novo Aeon em 2011; e a tradução de Marisol A. Seabra do *Liber AL vel Legis, sub figura CCXX*, publicada pela Ordo Templi Orientis em 1999.

É importante mencionar que não estou vinculado a nenhuma organização thelêmica ou ocultista. A interpretação que fundamenta esta tradução teve origem na minha dissertação de mestrado *Novo Aeon: Raul Seixas no Torvelinho de Seu Tempo*, defendida em 2009 no Programa de Pós-Graduação em Letras da Universidade Federal do Espírito Santo. Nesta tradução, tentei reproduzir as características formais mais importantes do texto-fonte, que oscilam entre o didatismo do *Liber LXI vel Causæ* e o hermetismo do *Liber AL vel Legis, sub figura CCXX*. Entre as particularidades do estilo, vale destacar o registro linguístico: os textos reunidos em *Os Livros Sagrados de Thelema* têm uma pontuação peculiar e apresentam uma alternância constante no uso dos pronomes pessoais. Ora nos deparamos com a segunda pessoa do singular (*thou* ou *thee*), ora com a segunda pessoa do plural (*ye*), ora com o polivalente *you*, que pode ser usado em ambos os casos. *Thou/thee* e *ye*, arcaísmos que sugerem solenidade, foram traduzidos por tu e vós, respectivamente. *You* ora foi traduzido como tu, ora como vós, de acordo com o contexto e as concordâncias verbais e nominais.

Também chama atenção o emprego frequente dos verbos no modo imperativo, que, embora esteja ligado à ideia de comando, pode ser usado como súplica, exortação, conselho ou convite. Assim se dirige o autor ao leitor, bem como aos deuses e a outros interlocutores.

A licença poética utilizada nos textos pelo autor foi preservada nesta edição. Foram respeitadas, sempre que não distorcessem o sentido do texto em português, as idiossincrasias da pontuação do autor, seu uso bastante pessoal de exclamações, dois-pontos e ponto e vírgula, pois elas estão intrinsecamente vinculadas aos ritmos de sua prosa e à expressividade dos *Livros Sagrados de Thelema*, que, segundo Crowley, transmitem uma sabedoria que ultrapassa o escopo da linguagem ordinária. Por esse motivo, é possível notar algumas passagens em desacordo com a norma padrão do português brasileiro.

Considerando a impossibilidade de recriar com exatidão todos os detalhes semânticos, sintáticos, fonológicos e rítmicos da prosa dos *Livros Sagrados de Thelema*, espero ao menos ter conseguido reproduzir de maneira responsável os efeitos de sentido e estilo, oferecendo ao leitor desta tradução uma experiência estética que seja próxima à leitura do texto-fonte.

"Amor é a lei, amor sob vontade."

Vitor Cei

A∴ A∴

Publicação em Classe D

A Lição Preliminar

Em nome do Iniciador, Amém.

1. No princípio era a Iniciação. A carne não vale nada; a mente não vale nada; aquilo que é desconhecido para ti e acima destas, enquanto firmemente baseado sobre o teu equilíbrio, concede vida.

2. Em todos os sistemas religiosos, encontra-se um sistema de Iniciação que possa ser definido como o processo pelo qual o homem vem a aprender sobre essa Coroa desconhecida.

3. Embora ninguém possa comunicar o conhecimento, tampouco o poder para adquiri-lo, o qual podemos chamar de Grande Obra, ainda assim é possível que os iniciados guiem os outros.

4. Todo homem deve superar seus próprios obstáculos, expor suas próprias ilusões. Todavia, outros podem assisti-lo a fazer ambos, e eles podem possibilitar que ele evite inteiramente muitos falsos caminhos que não levam a lugar algum, mas que tentam os pés fatigados do peregrino não iniciado. Eles também podem assegurar que ele esteja devidamente

testado e aprovado, pois existem muitos que pensam que são Mestres, mas sequer começaram a trilhar o Caminho do Serviço que para lá conduz.

5. Agora a Grande Obra é uma, a Iniciação é uma e a Recompensa é uma, embora diversos sejam os símbolos com os quais o Inexprimível é revestido.

6. Ouve, em seguida, a história do sistema que esta lição te dá a oportunidade de investigar.

Escuta, nós te rogamos, com atenção: pois somente uma vez a Grande Obra bate à porta de alguém.

Quem quer que conheça algum membro dessa Ordem como tal nunca poderá conhecer outro, até que ele também tenha atingido a mestria.

Aqui, portanto, nós fazemos uma pausa, para que tu te procures a ti mesmo minuciosamente e consideres se ainda estás apto a dares um passo irrevocável.

Pois a leitura daquilo que segue está Registrada.

A Lição de História

7. Alguns anos atrás, um número de manuscritos codificados foi descoberto e decifrado por certos estudantes. Eles atraíram muita atenção, pois quiseram se passar por derivados dos Rosa-cruzes. Tu irás prontamente entender que a autenticidade da alegação não importa nem um pouco, sendo tal literatura julgada por si mesma, não por suas fontes reputadas.

8. Entre os manuscritos, havia um que informava o endereço de certa pessoa na Alemanha, que nos é conhecida como S.D.A. Aqueles que descobriram os códigos escreveram para S.D.A. e, de acordo com as instruções recebidas, foi fundada uma Ordem que trabalhava de maneira semissecreta.

9. Algum tempo depois, S.D.A. faleceu: posteriores pedidos de ajuda encontraram pronta recusa dos colegas de S.D.A. Foi escrito por um deles que o esquema de S.D.A. sempre foi considerado reprovável. No entanto, desde que a regra absoluta dos adeptos[1] é nunca interferir no julgamento de qualquer outra pessoa, seja ela quem for – quanto mais, então, de um deles, e um dos

---

1. No texto-fonte: *adepts*, plural de *adept*, "adeptos". No plural, a palavra sempre será traduzida com a ortografia portuguesa. No singular, adoto a nomenclatura latina usada pela Astrum Argentum no Brasil: "Adeptus".

mais altamente venerados! –, eles se abstiveram de oposição ativa. O Adeptus que escreveu isso acrescentou que a Ordem já tinha conhecimento quase suficiente para habilitar-se, ou a seus membros, a formular um elo mágico com os adeptos.

10. Logo depois disso, alguém chamado S.R.M.D. anunciou que havia formulado tal elo, e que ele mesmo e dois outros governariam a Ordem. Rituais novos e revisados foram emitidos, e conhecimento fresco jorrou em fluxo.

11. Nós devemos passar por cima dos infelizes embustes que caracterizam o período seguinte. Já se provou absolutamente impossível elucidar os fatos complexos.

Nós nos contentamos, pois, em observar que a morte de um de seus dois colegas e a fraqueza do outro asseguraram a S.R.M.D. a autoridade exclusiva. Os rituais foram elaborados, apesar de bastante eruditos, como um *nonsense* verborrágico e pretensioso: o conhecimento se provou sem valor, mesmo onde estava correto; pois é em vão que pérolas, mesmo que não tão claras e preciosas, sejam dadas aos porcos.

Os ordálios foram transformados em desprezo, sendo impossível que qualquer um ali falhasse. Candidatos inaptos foram admitidos, por nenhuma razão melhor do que a sua prosperidade mundana.

Resumindo, a Ordem falhou em iniciar.

12. Escândalo surgiu e, com ele, o cisma.

13. Em 1900, certo P., um irmão, instituiu um rigoroso teste para S.R.M.D., de um lado, e para a Ordem, de outro.

14. Ele descobriu que S.R.M.D., embora fosse um erudito com algum talento e um magista de notáveis poderes, jamais atingira a completa iniciação: ademais, caíra do seu posto

original, tendo imprudentemente atraído para si forças do mal, grandes e terríveis demais para ele suportar.

A alegação da Ordem, de que estava sob a responsabilidade de verdadeiros adeptos, foi definitivamente refutada.

15. Na Ordem, com duas exceções certas e duas duvidosas, ele não encontrou pessoas preparadas para qualquer tipo de iniciação.

16. Consequentemente, por sua sutil sabedoria, ele destruiu tanto a Ordem quanto o seu chefe.

17. Não sendo ele mesmo um Adeptus perfeito, foi dirigido pelo Espírito para o Ermo, onde habitou por seis anos, estudando à luz da razão os livros sagrados e os sistemas secretos de iniciação de todos os países e épocas.

18. Finalmente, foi-lhe concedido certo grau elevado, pelo qual um homem se torna mestre do conhecimento e da inteligência, e não mais seu escravo. Ele percebeu a inadequação da ciência, da filosofia e da religião; e expôs a natureza autocontraditória da faculdade do pensamento.

19. Retornando à Inglaterra, ele humildemente depositou suas realizações aos pés de certo Adeptus D.D.S., que o acolheu de modo fraternal e reconheceu seu direito[2] ao grau que ele tão dificilmente conquistara.

20. Consequentemente, esses dois adeptos conferenciaram juntos, dizendo: Não está escrito que as tribulações serão encurtadas? Por isso, eles resolveram estabelecer uma nova Ordem, que deveria estar livre de erros e embustes da anterior.

---

2. No texto-fonte: *title*. Claudio Domingues Breslauer e Frater Ever traduziram literalmente como "título". Porém, a palavra *title* também apresenta o sentido de "direito", que corresponde melhor ao sentido da frase.

21. Sem Autoridade, eles não poderiam fazê-lo, por mais elevado que fosse seu grau entre os adeptos. Resolveram preparar todas as coisas, grandes e pequenas, para o dia em que tal Autoridade fosse recebida por eles, já que ambos não sabiam onde procurar por adeptos mais elevados do que eles mesmos, mas sabiam que o verdadeiro caminho para atrair a sua atenção consistia em equilibrar os símbolos. O templo deve ser construído antes que o Deus possa habitá-lo.

22. Portanto, por ordem de D.D.S., P. preparou todas as coisas por sua ciência e sabedoria arcanas, escolhendo apenas aqueles símbolos que fossem comuns a todos os sistemas e, rigorosamente, rejeitando todos os nomes e palavras que supostamente implicassem qualquer teoria religiosa ou metafísica. Descobriu-se que era absolutamente impossível fazer isso, visto que toda língua tem uma história, e o uso (por exemplo) da palavra "espírito" implica a filosofia escolástica e as teorias hindu e taoista concernentes à respiração do homem. Assim, era difícil evitar a insinuação de alguma influência indesejável, ao usarem-se as palavras "ordem", "círculo", "capítulo", "sociedade", "irmandade", ou qualquer outra para designar o corpo de iniciados.

23. Deliberadamente, então, ele tomou refúgio na imprecisão. Não para velar a verdade ao Neófito, mas para adverti-lo contra valores não essenciais. Nesse sentido, se o candidato ouvir o nome de qualquer Deus, que ele não assuma precipitadamente que se refere a algum Deus conhecido, salvo o Deus que somente ele mesmo conhece. Ou se o ritual mencionar termos (embora vagos) que pareçam implicar filosofia egípcia, taoista, budista, indiana, persa, grega, judaica, cristã ou mulçumana, que ele reflita que isto seja um defeito da linguagem; uma limitação literária, e não o preconceito espiritual do homem P.

24. Que ele se proteja especialmente contra a descoberta de símbolos sectários definitivos nos ensinamentos de seu mestre e no raciocínio do conhecido ao desconhecido, que certamente o tentarão.

Nós trabalhamos seriamente, querido irmão, para que tu jamais sejas levado a perecer sobre este ponto; pois nisto muitos homens sacros e justos foram arruinados. Por isso, todos os sistemas visíveis perderam a essência da sabedoria.

Nós procuramos revelar o Arcanum; nós apenas o profanamos.

25. Agora que P., com trabalho árduo e amargo, preparou todas as coisas sob a orientação de D.D.S. (mesmo quando a mão escreve, enquanto o cérebro consciente, embora ignorante dos movimentos detalhados, aplauda ou desaprove o trabalho finalizado), houve um certo tempo de repouso, como a terra que jaz sem cultivo.

26. Entrementes, estes adeptos se ocuparam intensamente com a Grande Obra.

27. Na plenitude do tempo, à maneira de uma árvore em flor que carrega frutos em sua estação, todas estas dores findaram-se, e estes adeptos e seus companheiros obtiveram a recompensa que buscavam – eles seriam admitidos na Eterna e Invisível Ordem que não tem nome entre os homens.

28. Por isso, aqueles que com faces sorridentes abandonaram seus lares, suas posses, suas esposas, seus filhos, a fim de realizar a Grande Obra, puderam, com calma estável e retidão firme, abandonar a própria Grande Obra; pois esta é a última e maior projeção do alquimista.

29. Também surgiu um V.V.V.V.V., Adeptus exaltado do grau de Magister Templi (ou este tanto foi o que Ele desvelou aos

Adeptus Exemptus) e Sua declaração está entesourada nos Escritos Sagrados.

30. Tais são Liber Legis, Liber Cordis Cincti Serpente, Liber Liberi vel Lapidis Lazuli e outros tantos, cujas existências um dia podem ser divulgadas a ti. Cuida-te para que tu não os interpretes nem na Luz nem na escuridão, pois somente em L.V.X. eles podem ser compreendidos.

31. Ele também conferiu a D.D.S., a O.M. e a outro a Autoridade da Tríade, os quais, por sua vez, delegaram-na a outros, e eles ainda outra vez, de modo que o Corpo de Iniciados possa ser perfeito, desde a Coroa até o Reino e além.

32. Pois a Perfeição não habita nos Pináculos, ou nas Fundações, mas na Harmonia ordenada de um com todos.

A∴A∴

Publicação em Classe A

00. Um é o Magus: duas são Suas forças: quatro, Suas armas. Estes são os Sete Espíritos de Iniquidade; sete abutres do mal. Assim, a arte e a habilidade do Magus são apenas *glamour*. Como Ele destruirá a Si mesmo?

0. No entanto, o Magus tem poder sobre a Mãe, tanto diretamente quanto por meio do Amor. E o Magus é Amor, e une Isto e Aquilo em Sua Conjuração.

1. No princípio, o Magus diz a Verdade e envia Ilusão e Falsidade para escravizar a alma. Ainda assim, aí está o Mistério da Redenção.

2. Por Sua Sabedoria Ele criou os Mundos; a Palavra que é Deus não é ninguém menos que Ele.

3. Então, como Ele terminará a Sua fala com Silêncio? Pois Ele é Fala.

4. Ele é o Primeiro e o Último. Como Ele cessará de enumerar a Si mesmo?

5. Por um Magus, este escrito faz-se conhecido por meio da mente de um Magista. O primeiro pronuncia claramente, e o outro compreende; porém, a Palavra é falsidade, e o Entendimento, escuridão. E este dito é De Todo Verdade.

6. No entanto, está escrito; pois há tempos de escuridão, e lá isto é como uma lâmpada.

7. Com a Baqueta, Ele cria.

8. Com a Taça, Ele preserva.

9. Com a Adaga, Ele destrói.

10. Com o Pantáculo,[3] Ele redime.

---

3. *Coin*. A tradução literal seria "moeda", mas a palavra "Pantáculo", que nomeia a peça de metal, geralmente circular, cunhada como arma mágica, corresponde melhor ao sentido do texto.

11. Suas armas preenchem a roda; e sobre Que Eixo ela gira, não é do conhecimento d'Ele.

12. Todas estas ações Ele deve cessar, antes que a maldição de Seu Grau seja elevada n'Ele. Antes que Ele alcance Aquele que existe sem Forma.

13. E se, neste momento, Ele se revelar sobre a terra como um Homem, e por esta razão existe o presente escrito, que este seja o Seu método, para que a maldição do Seu Grau e o fardo da Sua consecução sejam elevados n'Ele.

14. Que Ele tome cuidado com a abstinência de ação. Pois a maldição do Seu grau é que Ele deve falar a Verdade, para que a Falsidade disso possa escravizar as almas dos homens. Que Ele então a pronuncie sem Medo, para que a Lei possa ser cumprida. E, de acordo com Sua Natureza Original, essa Lei será formada, de modo que se possam proclamar a gentileza e a quietude, sendo um Hindu; e outro, a ferocidade e a servidão, sendo um Judeu; e ainda outro, ardor e virilidade, sendo um Árabe. Contudo, este assunto toca o mistério da Encarnação, e não deve ser exposto aqui.

15. Agora o grau de Magista ensina o Mistério do Sofrimento, e o grau de Magus, o Mistério da Mudança, e o grau de Ipsissimus, o Mistério da Abnegação, que também é chamado de Mistério de Pan.

16. Que o Magus, então, contemple um por vez, elevando-o ao supremo poder do Infinito. Em que Sofrimento é Júbilo, Mudança é Estabilidade e Abnegação é o Ego.[4] Pois a interação entre as partes não tem ação sobre o todo. E esta contemplação não deve ser realizada por simples

---

4. "Abnegação" e "Ego", no texto-fonte, correspondem a *Selflessness* e *Self*, respectivamente "renúncia da própria vontade" e "apreço excessivo pela própria pessoa". Os termos foram interpretados e traduzidos tanto por Claudio Domingues Breslauer quanto por Frater Ever como "Não Ser" e "Ser".

meditação – quanto menos então pela razão? Mas pelo método que terá sido dado a Ele em Sua iniciação ao Grau.

17. Seguindo tal método, será fácil para Ele combinar essa trindade a partir de seus elementos, e, mais adiante, combinar Sat-Chit-Ananda e Luz, Amor, Vida, três a três em nove que são um, em que o sucesso da meditação será Aquilo que primeiro foi vislumbrado por Ele no grau de Practicus (que reflete Mercúrio no mundo mais baixo) em Liber XXVII, "Aqui está o Nada sob suas três Formas".

18. E esta é a Abertura do Grau de Ipsissimus, que pelos budistas é chamada de transe Nerodha-Samapatti.

19. E desgraçado, desgraçado, desgraçado, sim, desgraçado, e novamente desgraçado, desgraçado, sete vezes desgraçado seja Ele que não prega Sua lei aos homens!

20. E desgraçado também seja Ele que recusa a maldição do grau de um Magus, e o fardo da sua Consecução.

21. E que na palavra CAOS o Livro seja selado; sim, que o Livro seja selado.

A∴ A∴

Publicação em Classe A

Prólogo do Não Nascido[5]

1. Em minha solidão vem –

2. O som de uma flauta em obscuros bosques que assombram as mais altas colinas.

3. Mesmo do bravo rio eles alcançam a margem do ermo.

4. E eu vejo Pan.

5. As neves são eternas acima, acima –

6. E o perfume delas sobe como fumaça até as narinas das estrelas.

7. Mas o que eu tenho a ver com elas?

8. Para mim somente a flauta distante, a duradoura visão de Pan.

9. Em todos os lados, Pan para os olhos, para os ouvidos;

---

5. *Unborn*. Claudio Domingues Breslauer e Frater Ever optaram por "Inascido", neologismo que não está registrado nos dicionários de língua portuguesa consultados.

10. O perfume de Pan penetrando, o gosto dele enchendo completamente a minha boca, de forma que a língua irrompe em uma estranha e monstruosa fala.

11. O abraço dele, intenso em todo centro de dor e prazer.

12. O sexto sentido interior incendiado com Seu mais íntimo ser;

13. Eu mesmo me lancei no precipício do ser.

14. Até mesmo no abismo, aniquilação.

15. Um fim para a solidão, como para tudo.

16. Pan! Pan! Iô[6] Pan! Iô Pan!

I

1. Meu Deus, como eu Te amo!

2. Com o veemente apetite de um animal eu Te caço pelo Universo.

3. Tu estás como que de pé sobre um pináculo na margem de alguma cidade fortificada. Eu sou um pássaro branco e pouso sobre Ti.

4. Tu és Meu Amante: eu Te vejo como uma ninfa com seus membros brancos esticados junto à fonte.

5. Ela deita sobre o musgo; não há outrem senão ela:

6. Tu não és Pan?

---

6. *Io* é uma interjeição greco-latina que indica alegria ou triunfo. Adotei a grafia utilizada por Fernando Pessoa em sua conhecida tradução do "Hino a Pan".

7. Eu sou Ele. Não fales, ó, meu Deus! Que o trabalho seja realizado em silêncio.

8. Que meu grito de dor se cristalize num jovem cervo branco a correr para a floresta!

9. Tu és um centauro, ó, meu Deus, desde as flores de violetas que Te coroam até os cascos do cavalo.

10. Tu és mais duro que o aço temperado, não existe diamante comparado a Ti.

11. Eu não entreguei este corpo e alma?

12. Eu Te cortejo com uma adaga atravessada em minha garganta.

13. Que o jorro de sangue mate a Tua sede de sangue, ó, meu Deus!

14. Tu és um pequeno coelho branco na toca da Noite.

15. Eu sou maior que a raposa e o buraco.

16. Dá-me Teus beijos, ó, Senhor Deus!

17. O relâmpago veio e consumiu o pequeno rebanho de ovelhas.

18. Existe uma língua e uma chama; eu vejo aquele tridente caminhando sobre o mar.

19. Uma fênix o tem como cabeça; há duas pontas embaixo. Eles espetam os maus.

20. Eu Te lancearei, Ó, pequeno deus cinza, a não ser que tomes cuidado!

21. Do cinza ao ouro; do ouro àquilo que está além do ouro de Ofir.

22. Meu Deus! mas eu Te amo!

23. Por que Tu sussurraste tanta coisa ambígua? Tiveste medo, ó, Tu das patas de bode, ó, chifrudo, chifres, ó, pilar de relâmpagos?

24. Dos relâmpagos caem pérolas; das pérolas, pretas partículas de nada.

25. Eu baseei tudo em um, um em nada.

26. Flutuando no éter, ó, meu Deus, meu Deus!

27. Ó, Tu, grande encapuzado sol de glória, corta estas pálpebras!

28. A natureza morrerá; ela me esconde, fechando-me as pálpebras com medo, ela me esconde da Minha destruição, ó, Tu, olho aberto.

29. Ó, o que sempre chora!

30. Nem Ísis minha mãe, nem Osíris, meu eu; mas o incestuoso Hórus entregando-se a Tífon, assim eu seja!

31. Ali, o pensamento; e pensamento é mau.

32. Pan! Pan! Iô Pan! é o suficiente.

33. Não caias na morte, ó, minh'alma! Pensa que a morte é a cama na qual tu estás caindo!

34. Ó, como eu Te amo, ó, meu Deus! Há principalmente uma intensa luz paralela vinda do infinito, vilmente difratada nas brumas desta mente.

35. Eu Te amo. Eu Te amo.

Eu Te amo.

36. Tu és uma coisa linda, mais alva do que uma mulher na coluna desta vibração.

37. Eu subo verticalmente como uma flecha e torno-me Aquele acima.

38. Mas isso é a morte e a flama da pira.

39. Ascende na flama da pira, ó, minha alma! Teu Deus é como o frio vazio do céu mais elevado, no qual tu irradias tua pequena luz.

40. Quando Tu me conheceres, ó, Deus vazio, minha chama expirará por completo em Tua grande N.O.X.

41. O que será de Ti, meu Deus, quando eu tiver cessado de Te amar?

42. Um verme, um nada, um covarde traiçoeiro!

43. Mas, ó! Eu Te amo.

44. Eu joguei um milhão de flores do cesto do Além a Teus pés, eu ungi a Ti e a Teu Cajado com óleo e sangue e beijos.

45. Eu acendi Teu mármore para a vida – sim! para a morte.

46. Eu fui arrebatado pelo hálito de Tua boca, que nunca bebe vinho, mas vida.

47. Como o orvalho do Universo embranquece os lábios!

48. Ah! Gotejando a torrente das estrelas da mãe Supernal, sai!

49. Eu sou Ela que deveria vir, a Virgem de todos os homens.

50. Eu sou um menino diante de Ti, ó, Tu, Deus sátiro.

51. Tu infligirás a punição do prazer. Agora! Agora! Agora!

52. Iô Pan! Iô Pan! Eu Te amo. Eu Te amo.

53. Ó, meu Deus, poupa-me!

54. Agora!

Está feito! Morte.

55. Eu gritei alto a palavra – e ela foi um poderoso feitiço para atar o Invisível, para atar um encantamento para desatar o atado; sim, para desatar o atado.

II

1. Ó, meu Deus! Usa-me novamente, sempre! Para sempre! Para sempre!

2. Aquilo que veio fogo de Ti vem água de mim; portanto, que Teu Espírito se apodere de mim, para que minha mão direita solte o raio.

3. Viajando através do espaço, vi a investida de duas galáxias, cabeceando-se e corneando-se como touros sobre a terra. Eu tive medo.

4. Então elas cessaram a luta e voltaram-se contra mim, e eu fui violentamente esmagado e dilacerado.

5. Eu preferiria ter sido pisoteado pelo Elefante do Mundo.

6. Ó, meu Deus! Tu és minha pequena tartaruga de estimação!

7. No entanto, Tu sustentas o Elefante do Mundo.

8. Eu rastejo sob Tua carapaça, como um amante na cama de sua bela; eu entro rastejando e me sento em Teu coração, tão acolhedor e aconchegante quanto possível.

9. Tu me abrigas, a fim de que eu não ouça o trombetear do Elefante do Mundo.

10. Tu não vales um óbolo na ágora; ainda assim, Tu não deves ser comprado pelo valor de resgate de todo universo.

11. Tu és como uma bela escrava núbia inclinando sua púrpura nua contra os verdes pilares de mármore que estão sobre a banheira.

12. Vinho jorra de seus negros mamilos.

13. Eu bebi vinho há algum tempo na casa de Pertinax. O escanção me favoreceu, servindo-me do bom e doce Chian.

14. Havia um menino dório, hábil em façanhas de força, um atleta. A Lua Cheia fugiu colérica pelas ruínas marítimas.

Ah! mas nós rimos.

15. Eu estava perniciosamente bêbado, ó, meu Deus! No entanto, Pertinax trouxe-me às núpcias.

16. Eu tinha uma coroa de espinhos que era todo o meu dote.

17. Tu és como um chifre de bode de Astor, ó, Tu, meu Deus, retorcido e torto e diabolicamente forte.

18. O vinho que vertia para mim era mais frio do que o gelo de todas as geleiras da Montanha Nua.

19. Uma região selvagem e uma Lua Minguante.

Nuvens agitando-se sobre o céu.

Um círculo de pinheiros e, mais além, de altos teixos. Tu no meio!

20. Ó, todos vós, sapos e gatos, regozijai-vos! Vós, coisas gosmentas, vinde aqui!

21. Dançai, dançai para o Senhor nosso Deus!

22. Ele é ele! Ele é ele! Ele é ele!

23. Por que eu deveria continuar?

24. Por quê? Por quê? Subitamente chegam os risos grasnados de um milhão de diabretes do inferno.

25. E as risadas correm soltas.

26. Mas não adoecem o Universo; não sacodem as estrelas.

27. Deus! Como eu amo a Ti!

28. Eu estou caminhando em um manicômio; todos os homens e mulheres em volta de mim são insanos.

29. Ó, loucura! loucura! loucura! tu és desejável!

30. Mas eu amo a Ti, ó, Deus!

31. Estes homens e mulheres deliram e uivam; eles espumam tolices.

32. Eu começo a temer. Eu não tenho controle; eu estou sozinho. Só. Só.

33. Pensa, ó, Deus, como eu estou feliz em Teu amor.

34. Ó, Pan marmóreo! Ó, face de falsa esguelha! Eu amo teus beijos sombrios, sangrentos e fétidos! Ó, Pan marmóreo! Teus beijos são como a luz do sol sobre o azul Egeu; o sangue deles é o sangue do pôr do sol em Atenas; o fedor deles é como um jardim de Rosas da Macedônia.

35. Eu sonhei com o pôr do sol e rosas e videiras; Tu estavas lá, ó, meu Deus, trajavas-te como uma cortesã ateniense e eu Te amei.

36. Tu não és um sonho, ó, Tu, tão belo, igualmente ao dormir e despertar!

37. Eu disperso o povo insano da terra; eu caminho sozinho pelo jardim com meus pequenos fantoches.

38. Eu sou grande como Gargântua; aquela galáxia é apenas o anel de fumaça do meu incenso.

39. Tu queimas ervas estranhas, ó, Deus!

40. Preparem-me um licor mágico, rapazes, com seus olhares!

41. A própria alma está embriagada.

42. Tu estás embriagado, ó, meu Deus, com os meus beijos.

43. O Universo cambaleia; Tu olhaste para ele.

44. Duas vezes, e tudo está feito.

45. Vem, ó, meu Deus, e que nós nos abracemos!

46. Preguiçosamente, vorazmente, ardentemente, pacientemente; assim eu trabalharei.

47. Haverá um fim.

48. Ó, Deus! Ó, Deus!

49. Eu sou um louco[7] por amar a Ti; Tu és cruel, Tu reténs-Te.

---

7. *Fool* é um substantivo que designa a pessoa destituída de razão, ou que age com falta de bom senso. Também pode ser usado como verbo, no sentido de trapacear ou fazer alguém de bobo. A palavra também identifica o bufão e o folião. A tradução mais comum seria "tolo". Porém, neste livro, ela faz referência ao vigésimo segundo Arcano Maior do tarô, *The Fool*, conhecido no Brasil como "O Louco".

50. Vem para mim, agora! Eu amo a Ti! Eu amo a Ti!

51. Ó, meu querido, meu querido – Beija-me! Beija-me! Ah! outra vez.

52. Sono, toma-me! Morte, leva-me! Esta vida é excessiva; ela dói, ela mata, ela basta.

53. Deixa-me voltar para o mundo; sim, voltar para o mundo.

III

1. Eu era o sacerdote de Amon-Rá, no templo de Amon-Rá, em Tebas.

2. Porém, Baco veio cantando com suas tropas de moças vestidas com videiras, de moças em mantos escuros; e Baco no meio, como um jovem cervo!

3. Deus! Como eu saí enraivecido e dispersei o coro!

4. Mas Baco ficou em meu templo como sacerdote de Amon-Rá.

5. Logo eu fui loucamente com as moças para a Abissínia; e lá nós moramos e nos regozijamos.

6. Imoderadamente; sim, é bem verdade!

7. Eu comerei a fruta madura e a verde pela glória de Baco.

8. Terraços de ílex, e fileiras de ônix e opala e sardônica conduzindo ao fresco e verde pórtico de malaquita.

9. Dentro está uma concha de cristal, no formato de uma ostra – ó, glória de Príapo! Ó, beatitude da Grande Deusa!

10. Ali há uma pérola.

11. Ó, Pérola! tu vieste da majestade do temível Amon-Rá.

12. Então eu, o sacerdote, vi um brilho constante no coração de pérola.

13. Tão brilhante que não podíamos enxergar! Mas contempla! Uma rosa vermelho-sangue sobre uma cruz de ouro reluzente!

14. Assim eu adorei o Deus. Baco! tu és o amante de meu Deus!

15. Eu que fui sacerdote de Amon-Rá, que vi o Nilo correr por muitas luas, por muitas, muitas luas, sou o jovem cervo da terra cinzenta.

16. Eu estabelecerei minha dança em seus conventículos, e meus amores secretos serão doces dentre vós.

17. Tu terás um amante dentre os senhores da terra cinzenta.

18. Isto ele trará a ti, sem o qual tudo é em vão; a vida de um homem derramada por teu amor sobre Meus Altares.

19. Amém.

20. Que seja logo, ó, Deus, meu Deus! Eu padeço por Ti, eu perambulo muito solitariamente entre o povo louco na terra cinzenta da desolação.

21. Tu estabelecerás a abominável e solitária Coisa de maldade. Ó, que júbilo! colocar a pedra angular!

22. Ela permanecerá ereta sobre a alta montanha; somente meu Deus comungará com ela.

23. Eu a construirei de um único rubi; ela será vista de muito longe.

24. Vem! Que nós irritemos os vasos da terra: eles destilarão estranhos vinhos.

25. Ela cresce em minhas mãos: ela cobrirá todo o céu.

26. Tu estás atrás de mim: eu grito com um louco júbilo.

27. Então disse Ituriel, o forte; que Nós adoremos também esta maravilha invisível!

28. Assim eles fizeram, e os arcanjos varreram o céu.

29. Estranho e místico, como um sacerdote amarelo invocando poderosas revoadas de grandes aves cinzentas do Norte, assim eu permaneço e invoco a Ti!

30. Que eles não obscureçam o sol com suas asas e seu clamor!

31. Leva embora a forma e o que a segue!

32. Eu estou sossegado.

33. Tu és como uma águia-pescadora em meio ao arroz, eu sou o grande pelicano vermelho nas águas do pôr do sol.

34. Eu sou como um eunuco negro; e Tu és a cimitarra. Eu decepo a cabeça do iluminado, o quebrador de pão e sal.

35. Sim! Eu decepo – e o sangue faz como se fosse um pôr do sol no lápis-lazúli da Alcova do Rei.

36. Eu decepo. O mundo todo é devastado por um poderoso vento, e uma voz grita alto em uma língua que os homens não podem falar.

37. Eu conheço esse terrível som de júbilo primordial; sigamos sobre as asas do vendaval até a sagrada casa de Hathor; que nós ofereçamos as cinco joias da vaca sobre seu altar!

38. Novamente a voz inumana!

39. Eu empino minha grandeza titânica em direção aos dentes do vendaval, e eu decepo e prevaleço, e me balanço sobre o mar.

40. Há um estranho Deus pálido, um deus de dor e maldade mortal.

41. Minha própria alma morde a si mesma, como um escorpião cercado por fogo.

42. Esse Deus pálido com a face desviada, esse Deus de sutileza e riso, esse jovem Deus dórico, a ele eu servirei.

43. Pois o fim disso é indizível tormento.

44. Melhor a solidão do grande mar cinza!

45. Mas o povo da terra cinzenta adoeceu, meu Deus!

46. Deixa-me cobri-los com minhas rosas!

47. Ó, Tu, delicioso Deus, sorriso sinistro!

48. Eu colho a Ti, ó, meu Deus, como uma ameixa vermelha de uma árvore ensolarada. Como Tu derretes em minha boca, Tu, açúcar consagrado das estrelas!

49. O mundo é totalmente cinza ante meus olhos; ele é como um velho e surrado odre de vinho.

50. Todo o vinho dele está nestes lábios.

51. Tu me geraste sobre uma Estátua de mármore, ó, meu Deus!

52. O corpo está gelado com a frieza de um milhão de luas; ele é mais duro do que o diamante da eternidade. Como eu sairei à luz?

53. Tu és Ele, ó, Deus! Ó, meu querido! minha criança! meu brinquedo! Tu és como um grupo de donzelas, como uma multidão de cisnes sobre o lago.

54. Eu sinto a essência da suavidade.

55. Eu sou duro e forte e másculo; mas vem! Eu serei suave e fraco e feminino.

56. Tu me esmagarás na prensa de vinho do Teu amor. Meu sangue manchará Teus pés ardentes com litanias de Amor em Aflição.

57. Haverá uma nova flor nos campos, uma nova safra nos vinhedos.

58. As abelhas produzirão novo mel; os poetas entoarão uma nova canção.

59. Eu ganharei a Dor do Bode como meu prêmio; e o Deus que senta sobre os ombros do Tempo cochilará.

60. Então tudo isto que está escrito se realizará; sim, se realizará.

IV

1. Eu sou como uma donzela banhando-se em uma cristalina piscina de água fresca.

2. Ó, meu Deus! Eu Te vejo escuro e desejável, emergindo da água como uma fumaça dourada.

3. Tu és completamente dourado, os cabelos e as sobrancelhas e o rosto brilhantes; mesmo nas pontas dos dedos das mãos e dos pés Tu és um róseo sonho dourado.

4. Minha alma salta para o fundo de Teus olhos dourados, como um arcanjo ameaçando o sol.

5. Minha espada passa através e através de Ti; luas cristalinas exalam do Teu lindo corpo que está oculto atrás dos Teus globos oculares.

6. Mais fundo, sempre mais fundo. Eu caio, mesmo que o Universo inteiro caia no abismo dos Anos.

7. Pois a Eternidade chama; o Sobremundo chama; o mundo da Palavra nos espera.

8. Acaba com o discurso, ó, Deus! Crava as presas do cão Eternidade nesta minha garganta!

9. Eu sou como um pássaro ferido voando em círculos.

10. Quem sabe onde eu cairei?

11. Ó, Bendito! Ó, Deus! Ó, meu devorador!

12. Deixa-me cair, estatelar, desaparecer, longe, sozinho!

13. Deixa-me cair!

14. Nem há qualquer descanso, Querido, salvo no berço do régio Baco, a coxa do Sacratíssimo.[8]

15. Existe descanso sob o sobrecéu da noite.

16. Urano repreendeu Eros; Marsias repreendeu Olimpas; eu repreendo meu belo amante com sua juba de raios de sol; eu não cantarei?

---

8. *The most Holy One*, o mais santo. Com o intuito de distanciar o texto da conotação católica das palavras "Santo" e "Santíssimo", optei pelo superlativo absoluto sintético irregular de "sagrado".

17. Meus encantamentos não me trarão a maravilhosa companhia dos deuses do bosque, seus corpos reluzindo com o unguento de luz da lua e mel e mirra?

18. Veneráveis sois vós, ó, meus amantes; avante para a cavidade mais escura!

19. Lá nós banquetearemos com mandrágora e alho silvestre!

20. Lá o Amável nos servirá Seu banquete sagrado. Nos bolos de cereais integrais[9] nós provaremos o alimento do mundo, e seremos fortes.

21. Na rubra e terrível taça da morte nós beberemos o sangue do mundo, e nos embriagaremos!

22. Ohé! a canção para Iao, a canção para Iao!

23. Vem, deixa-nos cantar para ti, Iacchus invisível, Iacchus triunfante, Iacchus indizível!

24. Iacchus, ó, Iacchus, ó, Iacchus, fica perto de nós!

25. Então o semblante de todo o tempo tornou-se sombrio, e a verdadeira luz resplandeceu.

26. Também havia um certo grito em língua desconhecida, cuja estridência agitou as águas.

27. Sim, um anjo agitou as águas.

28. Este era o grito d'Ele: IIIOOShBTh-IO-IIIIAMAMThIBI-II.

29. Nem tampouco eu cantei isto mil vezes por noite durante mil noites antes que Tu viesses, ó, meu Deus flamejante, e

---

9. *Brown cakes of corn*. Arnaldo Lucchesi Cardoso traduziu como "bolos tostados de milho". Claudio Domingues Breslauer e Frater Ever traduziram como "bolos castanhos de trigo". Porém, trigo seria *wheat*. *Corn* refere-se tanto aos cereais em geral quanto ao milho em particular. O adjetivo *brown* (marrom) indica que o cereal é integral.

me perfurasse com a Tua lança. Teu manto escarlate revelou totalmente os céus, de modo que os Deuses disseram: Tudo está queimando: é o fim.

30. Também Tu puseste teus lábios na ferida e chupaste um milhão de ovos. E Tua mãe sentou-se sobre eles, olha! estrelas e estrelas e as últimas Coisas das quais as estrelas são átomos.

31. Então eu Te percebi, ó, meu Deus, sentado como um gato branco sobre a treliça do caramanchão; e o zumbido dos mundos girando era apenas o Teu prazer.

32. Ó, gato branco, as faíscas voam do Teu pelo! Tu estalas com o rachar dos mundos.

33. Eu tenho visto mais de Ti no gato branco do que eu vi na Visão dos Æons.

34. No barco de Rá eu viajei, mas eu nunca encontrei no universo visível qualquer ente como Tu!

35. Tu eras como um cavalo branco alado, e eu Te fiz correr pela eternidade contra o Senhor dos Deuses.

36. Quão tranquilamente corremos!

37. Tu eras como um floco de neve caindo nos bosques cobertos de pinheiros.

38. Em um momento, Tu estavas perdido em um ermo do semelhante e do dessemelhante.

39. Mas eu contemplei o belo Deus atrás da nevasca – e Tu eras Ele!

40. Eu também li em um grande Livro.

41. Sobre uma antiga pele estava escrito em letras de ouro: Verbum fit Verbum.

42. Também Vitriol e o nome do hierofante, V.V.V.V.V.

43. Tudo isto girava em fogo, em estrela de fogo, raro e distante e completamente só – assim como Tu e eu, ó, desolada alma, meu Deus!

44. Sim, e a escritura

    [hieroglyphs]

    Está bem. Esta é a voz que abalou a terra.

45. Oito vezes ele gritou alto e por oito e por oito eu contarei teus favores, ó, Tu deus Undécuplo 418!

46. Sim, e por muitos mais; pelos dez nas vinte e duas direções; assim como a perpendicular da Pirâmide – assim serão Teus favores.

47. Se eu os enumero, eles são Um.

48. Excelente é Teu amor, ó, Senhor! Tu és revelado pela escuridão, e aquele que tateia no horror dos pomares Te capturará por acaso, assim como uma serpente que abraça uma pequena ave cantora.

49. Eu Te capturei, ó, meu suave tordo; eu sou como um falcão de mãe-esmeralda; eu Te capturo por instinto, embora meus olhos falhem diante de Tua glória.

50. No entanto, lá existem apenas pessoas tolas. Eu as vejo na areia amarela, todas vestidas de púrpura tíria.

51. Elas puxam seu Deus brilhante para a terra usando redes; elas acendem uma fogueira para o Senhor do Fogo e gritam

palavras profanas, mesmo a terrível maldição Amri maratza, maratza, atmam deona lastadza maratza-marán!

52. Então elas cozinham o deus brilhante, e o engolem inteiro.

53. Estas são pessoas más, ó, belo menino! Deixa-nos passar para o Outro Mundo.

54. Deixa que façamos de nós mesmos uma isca agradável, em uma forma sedutora!

55. Eu serei como uma esplêndida mulher nua com seios de marfim e mamilos dourados; meu corpo inteiro será como o leite das estrelas. Eu serei lustrosa e grega, uma cortesã de Delos, a Ilha instável.

56. Tu serás como uma pequena minhoca vermelha num anzol.

57. Mas Tu e eu pegaremos nossos peixes da mesma forma.

58. Então Tu serás um peixe brilhante com costas douradas e barriga prateada; eu serei como um belo homem violento, mais forte que duas vintenas de touros, um homem do Oeste carregando um grande saco de joias preciosas sobre um cajado que é maior que o eixo do todo.

59. E o peixe será sacrificado para Ti e o homem forte crucificado para Mim, e Tu e Eu nos beijaremos, e expiaremos o erro do Princípio; sim, o erro do princípio.

V

1. Ó, meu belo Deus! Eu nado em Teu coração como uma truta na torrente da montanha.

2. Eu salto de lagoa em lagoa em meu júbilo; eu sou gracioso com marrom e ouro e prata.

3. Por que eu sou mais adorável que os ruços bosques outonais na primeira queda de neve.

4. E a caverna de cristal do meu pensamento é mais adorável do que eu.

5. Apenas um anzol pode me puxar; é uma mulher ajoelhada à margem do riacho. É ela que derrama o orvalho brilhante sobre si mesma e na areia, de modo que o rio jorre para frente.

6. Há um pássaro naquela murta ali; somente a canção daquele pássaro pode me retirar do poço do Teu coração, ó, meu Deus!

7. Quem é o garoto napolitano que ri de felicidade? Seu amante é a poderosa cratera da Montanha de Fogo. Eu vi seus membros carbonizados suportando a queda ladeira abaixo numa furtiva língua de pedra derretida.

8. E, ó! o chiado da cigarra!

9. Eu me lembro dos dias em que fui cacique no México.

10. Ó, meu Deus, eras Tu então, como agora, meu belo amante?

11. Foi minha infância então, como agora, Teu brinquedo, Teu júbilo?

12. Em verdade, eu me lembro daqueles dias de ferro.

13. Eu me lembro como nós inundávamos os lagos amargos com nossa torrente de ouro; como afundávamos a preciosa imagem na cratera de Citlaltepetl.

14. Como a boa flama nos elevou até mesmo para as terras baixas, assentando-nos na floresta impenetrável.

15. Sim, Tu eras um estranho pássaro escarlate com um bico de ouro. Eu era Teu parceiro nas florestas da terra baixa; e sempre ouvíamos de longe o canto estridente de sacerdotes mutilados e o clamor insano do Sacrifício de Donzelas.

16. Havia um estranho[10] Deus alado que nos falou de sua sabedoria.

17. Nós conseguimos nos tornar grãos estelares de poeira de ouro nas areias de um rio lento.

18. Sim, e aquele rio era o rio do espaço e do tempo também.

19. Lá nós nos separamos; sempre para o menor, sempre para o maior, até agora, ó, doce Deus, somos nós mesmos, o mesmo.

20. Ó, meu Deus, Tu és como um pequeno bode branco com raios em Teus chifres!

21. Eu amo a Ti, eu amo a Ti.

22. Todo respiro, toda palavra, todo pensamento, toda ação é um ato de amor Contigo.

23. A batida do meu coração é o pêndulo do amor.

24. As minhas canções são os suaves suspiros:

25. Meus pensamentos são meu êxtase:

---

10. *Weird*. Um sentido da palavra que caiu em desuso é "especializado em bruxaria". Assim, a palavra tem duplo sentido: estranho e bruxo.

26. E minhas ações são as miríades de Teus filhos, as estrelas e os átomos.

27. Faça-se o nada!

28. Que todas as coisas caiam neste oceano de amor!

29. Que esta devoção seja um potente feitiço para exorcizar os demônios dos Cinco!

30. Ah, Deus, tudo se foi! Tu consomes Teu êxtase. Falútli! Falútli!

31. Existe uma solenidade do silêncio. Não há mais qualquer voz.

32. Assim será no fim. Nós que fomos pó jamais retornaremos ao pó.

33. Que assim seja.

34. Então, ó, meu Deus, o hálito do Jardim das Especiarias. Todos estes têm um sabor desagradável.

35. O cone é cortado com um raio infinito; a curva da vida hiperbólica salta para o ser.

36. Para mais longe e mais longe nós flutuamos; no entanto, nós ficamos parados. É a cadeia de sistemas que está caindo diante de nós.

37. Primeiro cai o mundo ridículo; o mundo da velha terra cinzenta.

38. Ele cai inimaginavelmente longe, com seu sofrido rosto barbudo presidindo sobre ele; ele desvanece em silêncio e infortúnio.

39. Nós em silêncio e bem-aventurança,[11] e o rosto é o rosto risonho de Eros.

---
11. *Bliss* designa o grau máximo de felicidade. A palavra portuguesa correspondente é "bem-aventurança".

40. Sorrindo, nós o saudamos com os sinais secretos.

41. Ele nos conduz ao Palácio Invertido.

42. Lá está o Coração de Sangue, uma pirâmide cujo ápice desce além do Erro do Princípio.

43. Enterra-me em Tua Glória, ó, amado,[12] ó, amante principesco desta donzela meretriz, dentro da mais Secreta Câmara do Palácio!

44. Isto é feito rapidamente; sim, o um selo foi posto sobre o sepulcro.

45. Existe um que será capaz de abri-lo.

46. Nem pela memória, nem pela imaginação, nem por oração, nem pelo jejum, nem por flagelo, nem com drogas, nem com ritual, nem por meditação; somente pelo amor passivo ele será capaz.

47. Ele esperará a espada do Bem-Amado e desguarnecerá sua garganta para o golpe.

48. Então seu sangue jorrará e me escreverá runas no céu; sim, me escreverá runas no céu.

---

12. *Beloved*. Sempre que aparecer na expressão *beloved one*, será traduzido como "bem-amado". Quando tiver inicial maiúscula, *Beloved*, ou *beloved One*, será traduzido como "Bem-Amado".

VI

1. Tu eras uma sacerdotisa, ó, meu Deus, entre os druidas; e nós conhecíamos os poderes do carvalho.

2. Nós nos fizemos um templo de pedras no formato do Universo, ao mesmo tempo que Tu usavas abertamente e eu ocultamente.

3. Lá nós fazíamos muitas coisas maravilhosas à meia-noite.

4. Na Lua Minguante nós trabalhávamos.

5. Sobre a planície vieram os atrozes uivos dos lobos.

6. Nós respondemos; nós caçamos com a alcateia.

7. Nós chegamos até a nova Capela e Tu trazias o Santo Graal sob Tua vestimenta de druida.

8. Secretamente e às escondidas nós bebemos do sacramento informador.

9. Então, uma terrível doença abateu-se sobre o povo da terra cinzenta; e nos regozijamos.

10. Ó, meu Deus, disfarça Tua glória!

11. Vem como um ladrão e furtemos os Sacramentos!

12. Em nossos pomares, em nossos claustros, em nossos favos de felicidade, bebamos, bebamos!

13. Esse é o vinho que tinge tudo com a verdadeira tintura do ouro infalível.

14. Existem segredos profundos nestas canções. Não é suficiente escutar o pássaro; para apreciar a canção, ele deve ser o pássaro.

15. Eu sou o pássaro, e Tu és minha canção, ó, meu glorioso Deus galopante!

16. Tu tomas as rédeas das estrelas; tu guias as constelações sete a sete pelo circo do Nada.

17. Tu, Deus Gladiador!

18. Eu toco minha harpa; Tu lutas contra as feras e as labaredas.

19. Tu tiras Teu júbilo da música e eu da luta.

20. Tu e eu somos amados pelo Imperador.

21. Vê! ele nos convocou ao púlpito imperial. A noite cai; é uma grande orgia de veneração e bem-aventurança.

22. A noite cai como uma capa cintilante dos ombros de um príncipe sobre um escravo.

23. Ele se ergue um homem livre!

24. Arremessa, ó, profeta, a capa sobre estes escravos!

25. Uma grande noite, e escassos fogos nela; porém, liberdade para o escravo que sua glória abrangerá.

26. Assim, eu também desci à grande cidade triste.

27. Lá, a finada Messalina trocou sua coroa pelo veneno da finada Locusta; lá permaneceu Calígula, que golpeava os mares do esquecimento.

28. Quem foste tu, ó, César, que conheceste Deus em um cavalo?

29. Pois olha! nós contemplamos o Cavalo Branco do Saxão gravado sobre a terra; e nós contemplamos os Cavalos do Mar que flamejam ao redor da velha terra cinzenta, e a espuma de suas narinas nos ilumina!

30. Ah! mas eu amo a Ti, Deus!

31. Tu és como uma lua sobre o mundo de gelo.

32. Tu és como a aurora das neves extremas sobre as planícies queimadas da terra do tigre.

33. Pelo silêncio e pela fala, eu Te venero!

34. Mas tudo é em vão.

35. Somente o Teu silêncio e Tua fala que me veneram têm proveito.

36. Lamentai-vos, ó, povo da terra cinzenta, porque nós bebemos vosso vinho, e vos deixamos apenas as borras amargas.

37. Apesar disso, destas vos destilaremos um licor além do néctar dos Deuses.

38. Existe valor em nossa tintura para um mundo de Especiarias e ouro.

39. Pois nosso pó de projeção vermelho está além de todas as possibilidades.

40. Existem poucos homens; existem suficientes.

41. Nós estaremos cheios de escanções, e o vinho não é racionado.

42. Ó, meu querido Deus! que banquete Tu providenciaste.

43. Contempla as luzes e as flores e as donzelas!

44. Prova dos vinhos e das iguarias e das esplêndidas carnes!

45. Aspira os perfumes e as nuvens de pequenos deuses como ninfas do bosque que habitam as narinas!

46. Sente com todo Teu corpo a gloriosa suavidade do frio e elegante mármore e a generosa e calorosa cordialidade do sol e dos escravos.[13]

47. Que o Invisível informe a Luz devoradora de seu vigor disruptivo!

48. Sim! o mundo inteiro é despedaçado, como uma velha árvore cinzenta pelo raio!

49. Vinde, ó, deuses e banqueteemos.

50. Tu, ó, meu querido, ó, meu incessante Deus-Pardal, meu deleite, meu desejo, meu enganador, vem e gorjeia na minha mão direita!

51. Este foi o conto da memória de Al A'in, o sacerdote; sim, de Al A'in, o sacerdote.

VII

1. Pela queima do incenso foi revelada a Palavra, e pela droga distante.

2. Ó, farinha e mel e óleo! Ó, bela bandeira da lua, que ela pendura no centro da bem-aventurança!

3. Estes afrouxam as ataduras do cadáver; estes desatam os pés de Osíris, de modo que o Deus flamejante possa enfurecer-se através do firmamento com sua fantástica lança.

---

13. *Coolth* e *warmth* têm duplo sentido: significam frio/elegante e calor/cordialidade, respectivamente. Por isso, traduzi como "frio e elegante" e "calorosa cordialidade".

4. Mas de puro mármore preto é a estátua pesarosa, e a imutável dor dos olhos é amarga para o cego.

5. Nós compreendemos o êxtase desse mármore sacudido, despedaçado pelos violentos espasmos da criança coroada, o cetro[14] dourado do Deus dourado.

6. Nós sabemos porque tudo está oculto na pedra, dentro do esquife, do poderoso sepulcro, e nós também respondemos Olalám! Imál! Tutúlu! como está escrito no antigo livro.

7. Três palavras desse livro são como vida para um novo æon; nenhum deus leu o todo.

8. Mas Tu e eu, ó, Deus, o escrevemos página por página.

9. Nossa é a undécima leitura da Undécima palavra.

10. Estas sete letras juntas fazem sete palavras diferentes; cada palavra é divina, e sete sentenças estão ocultas nelas.

11. Tu és a Palavra, ó, meu querido, meu senhor, meu mestre!

12. Ó, vem a mim, mistura o fogo e a água, e tudo se dissolverá.

13. Eu espero a Ti no dormir, no acordar. Eu não Te invoco mais; pois Tu estás em mim, ó, Tu que me fizeste um belo instrumento afinado para Teu êxtase.

14. No entanto, Tu estás sempre à parte, assim como eu.

15. Eu me lembro de um certo dia sagrado no ocaso do ano, no ocaso do Equinócio de Osíris, quando eu primeiro contemplei a Ti visível; quando primeiro a pavorosa querela foi disputada; quando O Cabeça-de-Íbis, com seu encanto, parou a luta.

---

14. *Rod é vara. Por extensão de sentido, "vara real" ou cetro.*

16. Eu me lembro do Teu primeiro beijo, como deveria uma donzela. Nem nos atalhos escuros havia outro: Teus beijos perduram.

17. Não existe nenhum outro comparado a Ti no Universo inteiro do Amor.

18. Meu Deus, eu amo a Ti, ó, Tu, bode de chifres dourados!

19. Tu, belo touro Ápis! Tu, bela serpente Apep! Tu, belo rebento da Deusa Grávida!

20. Tu agitavas-te em Teu sono, ó, antigo sofrimento dos anos! Tu ergues tua cabeça para atacar e tudo é dissolvido no Abismo de Glória.

21. Um fim para as letras das palavras! Um fim para o sétuplo discurso.

22. Esmiúça-me a maravilha de tudo isso na figura de um emaciado e célere camelo atravessando a areia a passos largos.

23. Solitário ele é, e abominável; ainda assim, ele ganhou a coroa.

24. Ó, regozija-te! Regozija-te!

25. Meu Deus! Ó, meu Deus! Eu não sou mais do que uma partícula na poeira estelar das eras; eu sou o Mestre do Segredo das Coisas.

26. Eu sou o Revelador e o Preparador. Minha é a Espada – e a Mitra e a Baqueta Alada!

27. Eu sou o Iniciador e o Destruidor. Meu é o Globo – e a Ave Bennu e o lótus de Ísis, minha filha!

28. Eu sou Aquele além de todos estes; e eu porto os símbolos da poderosa escuridão.

29. Haverá um sinal[15] como de um vasto, negro e chocante oceano de morte, e a flama central da escuridão irradiando sua luz sobre tudo.

30. Ela engolirá aquela escuridão menor.

31. Mas naquele profundo, quem responderá: O que é?

32. Não Eu.

33. Não Tu, ó, Deus!

34. Vem, não raciocinemos mais juntos; alegremo-nos! Sejamos nós mesmos, silenciosos, únicos, distantes.

35. Ó, bosques solitários do mundo! Em que recantos escondereis nosso amor?

36. A floresta de lanças do Altíssimo é chamada Noite, e Hades, e o Dia de Ira; mas eu sou o Seu capitão, e carrego o Seu cálice.

37. Não me temais com meus lanceiros! Eles matarão os demônios com seus pequenos gumes. Vós sereis livres.

38. Ah, escravos! vós não quereis, vós não sabeis como querer.

39. Porém, a música das minhas lanças será uma canção de liberdade.

40. Uma grande ave varrerá o Abismo do Júbilo, e vos arrebatará para que sejais meus escanções.

41. Vem, ó, meu Deus, que em um último êxtase atinjamos a União com os Muitos!

42. No silêncio das Coisas, na Noite das Forças, além do amaldiçoado domínio das Três, gozemos nosso amor!

---
15. *Sigil* apresenta os sentidos de sigilo, selo, insígnia, sinal.

43. Meu querido! Meu querido! vai, vai, além da Assembleia e da Lei e do Esclarecimento para uma Anarquia de Solitude e Escuridão!

44. Pois mesmo assim devemos velar o brilho de nosso Ego.

45. Meu querido! Meu querido!

46. Ó, meu Deus, mas o amor em Mim rompe os laços de Espaço e Tempo; meu amor é derramado entre aqueles que não amam o amor.

47. Meu vinho é servido aos que nunca provaram vinho.

48. Os vapores do vinho os intoxicarão, e o vigor do meu amor engendrará poderosos filhos de suas donzelas.

49. Sim! sem gole, sem abraço: – e a Voz respondeu Sim! estas coisas serão.

50. Então busquei uma Palavra para Mim Mesmo; não, para mim mesmo.

51. E a Palavra veio: Ó, Tu! está bem. Não te preocupes! Eu amo a Ti! Eu amo a Ti!

52. Portanto, eu tive fé até o final de tudo; sim, até o final de tudo.

A∴ A∴

Publicação em Classe A

LIBER PORTA LVCIS

SVB FIGVRÂ

X

1. Eu contemplo uma pequena esfera escura, rodando em um abismo do espaço infinito. Ela é diminuta entre uma miríade de outras maiores, escura entre uma miríade de outras brilhantes.

2. Eu que abranjo em mim mesmo tudo que é vasto e diminuto, tudo que é brilhante e escuro, mitiguei o brilho do meu inenarrável esplendor, lançando V.V.V.V.V. como um raio da minha luz, como um mensageiro para aquela pequena esfera escura.

3. Então V.V.V.V.V. tomou a palavra e disse:

4. Homens e mulheres da Terra, para vós eu venho das Eras além das Eras, do Espaço além da vossa visão; e eu vos trago estas palavras.

5. Contudo, eles não o ouviram, pois eles não estavam preparados para recebê-las.

6. Mas certos homens ouviram e compreenderam, e por meio deles este Conhecimento se fará conhecido.

7. Por conseguinte, o menor dentre eles, o servidor de todos eles, escreve este livro.

8. Ele escreve para aqueles que estão prontos. Deste modo, sabe-se se alguém está pronto, se é dotado de certos dons, se é apto de nascença, ou por prosperidade, ou por inteligência, ou por algum outro sinal manifesto. E os servidores do mestre os julgarão pela intuição dele.

9. Este Conhecimento não é para todos os homens; de fato poucos são chamados, mas entre estes muito poucos são os escolhidos.

10. Esta é a natureza da Obra.

11. Primeiro, existem muitas e diversas condições de vida sobre esta terra. Em todas estas existem algumas sementes de sofrimento. Quem pode escapar da doença e da velhice e da morte?

12. Nós viemos para salvar os nossos semelhantes destas coisas. Pois existe uma vida intensa com conhecimento e extrema felicidade que é intocada por qualquer uma delas.

13. Nós buscamos alcançar esta vida aqui e agora. Os adeptos, os servidores de V.V.V.V.V., já a alcançaram.

14. É impossível falar-vos sobre os esplendores daquilo que eles alcançaram.

Pouco a pouco, assim que vossos olhos se tornarem mais fortes, nós vos revelaremos a glória inefável do Caminho dos Adeptos, e seu objetivo inominável.

15. Assim como um homem que está subindo uma montanha íngreme desaparece da vista de seus amigos no vale, assim deve o Adeptus parecer. Eles dirão: Ele está perdido nas nuvens. Mas ele se regozijará na luz do sol, acima deles, e virá até as neves eternas.

16. Ou como um acadêmico que aprende alguma língua secreta dos antigos, seus amigos dirão: "Veja! ele finge ler este livro. Mas ele é ininteligível – isso é *nonsense*". Ainda assim ele se deleita com a *Odisseia*, enquanto eles leem coisas vãs e vulgares.

17. Nós vos traremos para a Verdade Absoluta, Luz Absoluta, Bem-Aventurança Absoluta.

18. Muitos adeptos através das eras buscaram fazer isto; mas as suas palavras foram pervertidas pelos seus sucessores, e repetidamente o Véu caiu sobre o Sacro dos Sacros.[16]

19. Para vós que ainda perambulais na Corte do Profano, nós ainda não podemos revelar tudo; porém vós entendereis facilmente que as religiões do mundo são nada mais do que símbolos e véus

---

16. *Holy of the Holies*. *Holy* é o Santo ou o Sagrado. Com o intuito de distanciar o texto da conotação católica da palavra "Santo", *Holy* foi traduzido como "Sacro". Conferir a nota 8.

da Verdade Absoluta. Assim também são as filosofias. Para o Adeptus, que vê todas estas coisas de cima, parece insignificante escolher entre Buda e Maomé, entre Ateísmo e Teísmo.

20. Os muitos se modificam e passam; o uno permanece. Assim como madeira e carvão e ferro queimam juntos em uma grande flama, mas apenas se aquela fornalha for de calor transcendente; assim também no alambique desta alquimia espiritual, apenas se o Zelator soprar o suficiente nesta fornalha todos os sistemas da terra são consumidos no Conhecimento Único.

21. Não obstante, assim como o fogo não pode ser gerado apenas com ferro, no início um sistema pode ser adequado para um buscador, e outro para um outro.

22. Nós, portanto, que estamos sem os grilhões da ignorância, observamos atentamente o coração do buscador e o conduzimos pelo caminho que é mais adequado à sua natureza até o derradeiro final de todas as coisas, a suprema realização, a Vida que habita na Luz, sim, a Vida que habita na Luz.

A∴ A∴

Publicação em Classe A

LIBER TRI-GRAM-MATON

SVB FIGVRÂ XXVII

SENDO O LIVRO
DOS TRIGRAMAS
DAS MUTAÇÕES
DO TAO COM O
YIN E O YANG

•
•
•

Aqui está o Nada sob as suas três formas. Ele não é, porém, forma todas as coisas.

•
•
———

Agora vem a glória do Único, como uma imperfeição e mácula.

•
•
—— ——

Mas por meio do Fraco a Mãe foi equilibrada.

•
•
———

Também a pureza foi dividida pelo Vigor, a força do Demiurgo.

•
—— ——
•

E a Cruz foi formulada no Universo que até agora não existia.

———
•
•

Mas agora a Imperfeição se manifestou, presidindo sobre o desvanecimento da perfeição.

= =
•
•
=

Também a Mulher se ergueu, e velou o Céu Superior com seu corpo de estrelas.

•
=
=

Então um gigante se ergueu, com terrível vigor; e se impôs sobre o Espírito em um rito secreto.

•
=
= =

E o Magister Templi, equilibrando todas as coisas, ergueu-se; sua estatura era acima do Céu e abaixo da Terra e do Inferno.

•
= =
=

Contra ele, os Irmãos do Caminho da Mão Esquerda, confundindo os símbolos. Eles ocultaram seu horror [neste símbolo]; pois na verdade, eles eram =

•
= =
= =

O mestre flamejou como uma estrela e pôs um guarda de Água em cada Abismo.

―――
 •
――― ―――

Também certos Secretos ocultaram a Luz da Pureza em si mesmos, protegendo-a das Perseguições.

―――
 •
―― ――

Igualmente também o fizeram certos filhos e filhas de Hermes e de Afrodite, mais abertamente.

―― ――
 •
―――

Mas o Inimigo os confundiu. Eles simularam ocultar aquela Luz, de modo que eles pudessem traí-la e profaná-la.

―― ――
 •
―― ――

Porém, certas monjas santas ocultaram o segredo em canções de lira.

―――
 •
―――

Então, o Horror do Tempo perverteu todas as coisas, escondendo a Pureza com uma coisa repugnante, uma coisa inominável.

☷
•

Sim, e ergueram-se sensualistas sobre o firmamento, como uma desagradável mancha de tempestade sobre o céu.

☵
•

E os Irmãos Negros ergueram suas cabeças; sim, eles desvelaram a si mesmos sem pudor ou temor.

☷
•

Também lá se ergueu uma alma de imundície e fraqueza, e ela corrompeu toda a regra do Tao.

☰

Somente, então, estabeleceu-se que o Céu suportasse o balançar; pois apenas na mais baixa corrupção a forma se manifesta.

☵

Também o Céu se manifestou em luz violenta,

☷

E em luz suave.

⚌ ⚋
▬▬▬▬
▬▬▬▬

Então as águas foram reunidas desde o céu,

▬▬▬▬
⚌ ⚋
⚌ ⚋

E uma crosta de terra ocultou o cerne da flama.

⚌ ⚋
▬▬▬▬
⚌ ⚋

Em volta do globo reuniu-se o amplo ar.

⚌ ⚋
⚌ ⚋
▬▬▬▬

E os homens começaram a acender fogueiras sobre a terra.

⚌ ⚋
⚌ ⚋
⚌ ⚋

Logo foi o fim do seu sofrimento; ainda havia nesse sofrimento uma sêxtupla estrela de glória pela qual eles poderiam guiar-se, a fim de encontrar o retorno para a Morada Imaculada; sim, para a Morada Imaculada.

A∴ A∴

Publicação em Classe A

LIBER LXV

LIBER CORDIS CINCTI SERPENTE

SVB FIGVRÂ

אדני

I

1. Eu sou o Coração; e a Serpente está entrelaçada

    Envolvendo o cerne invisível da mente.

    Ergue-te, ó, minha serpente! A hora é agora

    Da encapuzada, sacra e inefável flor.

    Ergue-te, ó, minha serpente, até o fulgor do florescer

    Sobre o cadáver de Osíris flutuando na tumba!

    Ó, coração da minha mãe, minha irmã, meu próprio,

    Tu és dado ao Nilo, ao terror de Tífon!

    Ai de mim! Mas a glória da tempestade voraz

    Enfaixa-te e embrulha-te no frenesi da forma.

    Aquieta-te, ó, minha alma! para que o encantamento se dissolva

    Assim que as baquetas se elevarem e os æons revirarem.

    Contempla! o quão jubilosa Tu és em minha beleza,

    Ó, Serpente que acaricia a coroa do meu coração!

    Contempla! nós somos um, e a tempestade dos anos

    Desce para o ocaso, e o Escaravelho aparece.

    Ó, Escaravelho! O zumbido da Tua dolorosa nota

    Seja sempre o transe desta trêmula garganta!

    Eu aguardo o despertar! Os chamados do alto

Do Senhor Adonai, do Senhor Adonai!

2. Adonai falou a V.V.V.V.V., dizendo: Deve haver sempre divisão na palavra.

3. Pois as cores são muitas, mas a luz é una.

4. Portanto, tu escreves aquilo que é de mãe-esmeralda, e de lápis-lazúli, e de turquesa, e de alexandrita.

5. Outro escreve as palavras de topázio, de ametista profunda, e de safira cinza, e de profundo safira com um tom semelhante ao de sangue.

6. Portanto vos aborreceis por causa disso.

7. Não vos contentais com a imagem.

8. Eu que sou a Imagem de uma Imagem digo isto.

9. Não debatais sobre a imagem, dizendo Além! Além!

Sobe-se até a Coroa pela Lua e pelo Sol, e pela seta, e pelo Alicerce, e pelo escuro lar das estrelas, desde a terra negra.

10. De outro modo não alcançareis a Ponta Polida.

11. Nem é adequado ao sapateiro que ele tagarele sobre assunto Régio. Ó, sapateiro! remenda-me este sapato, para que eu possa caminhar. Ó, rei! Se eu for o teu filho, falemos sobre a Embaixada para o Rei teu Irmão.

12. Então houve silêncio. A fala nos deixou por algum tempo.

Há uma luz tão tenaz que não é percebida como luz.

13. Acônito não é tão afiado quanto o aço; porém, perfura o corpo mais sutilmente.

14. Assim como beijos malignos corrompem o sangue, minhas palavras devoram o espírito do homem.

15. Eu respiro, e há infinito des-conforto[17] no espírito.

16. Como um ácido corrói o aço, como um câncer que corrompe completamente o corpo; assim sou Eu para o espírito do homem.

17. Eu não descansarei até que tenha dissolvido tudo.

18. Assim também a luz que é absorvida. Um absorve pouco, e é chamado branco e reluzente; um absorve tudo e é chamado preto.

19. Portanto, meu querido, tudo és preto.

20. Ó, meu belo, eu te comparei a um escravo núbio da cor do azeviche, um garoto com olhar melancólico.

21. Ó, imundo! o cão! Eles gritam contra ti.

Porque tu és meu amado.

22. Felizes são aqueles que te louvam; pois eles te veem com Meus olhos.

23. Não em voz alta eles te louvarão; mas na guarda noturna um se aproximará furtivamente e te apertará com o aperto secreto; outro, em privado, lançará uma coroa de violetas sobre ti; um terceiro, com grande atrevimento, pressionará lábios loucos sobre os teus.

24. Sim! A noite encobrirá tudo, encobrirá tudo.

---

17. *Dis-ease*. O prefixo latino *dis* indica negação, enquanto o substantivo *ease* apresenta os sentidos de "facilidade", "comodidade" e "conforto". "Desconforto" também significa sensação de mal-estar, o que por sua vez nos remete a *disease* – "doença".

25. Tu Me procuraste por muito tempo; tu correste adiante tão rápido que Eu fui incapaz de te alcançar.

Ó, tu, querido louco! com que amargura tu coroaste igualmente os teus dias.

26. Agora Eu estou contigo; Eu jamais deixarei teu ser.

27. Pois Eu sou o suave sinuoso entrelaçado em ti, coração de ouro!

28. Minha cabeçada está cravejada com doze estrelas; meu corpo é branco como o leite das estrelas; ele brilha com o azul do abismo de estrelas invisível.

29. Eu encontrei aquilo que não pode ser encontrado; eu encontrei um vaso de mercúrio.

30. Tu instruirás teu servidor nos caminhos dele, tu falarás frequentemente com ele.

31. (O escriba olha para cima e grita) Amém! Tu disseste-o, Senhor Deus!

32. Depois, Adonai falou a V.V.V.V.V. e disse:

33. Tomemos nosso deleite na multidão dos homens!

Que deles construamos um barco de madrepérola para nós, para que possamos navegar o rio de Amrit!

34. Tu vês aquela pétala de amaranto, soprada pelo vento das baixas doces sobrancelhas de Hathor?

35. (O Magista a viu e regozijou-se em sua beleza.) Escuta!

36. (De um certo mundo veio um lamento infinito.)

Aquela pétala caindo pareceu aos pequenos como uma onda que iria engolir o continente deles.

37. Então eles repreenderão teu servo, dizendo: Quem te enviou para nos salvar?

38. Ele ficará dolorosamente consternado.

39. Todos eles não entendem que tu e eu estamos engendrando um barco de madrepérola. Nós navegaremos através do rio de Amrit, exatamente para os bosques de teixos de Yama, onde poderemos nos regozijar imoderadamente.

40. O júbilo dos homens será o nosso lampejo de prata, seus infortúnios o nosso lampejo azul – tudo na madrepérola.

41. (O escriba ficou furioso com isso. Ele disse:

Ó, Adonai e meu mestre, tenho suportado o tinteiro e a pena sem pagamento, de modo que eu possa procurar o rio de Amrit, e nele navegar como um de vós. Isto exijo como meu honorário, que eu partilhe do eco dos vossos beijos.)

42. E imediatamente isso lhe foi concedido.

43. (Não; com isso ele não se contentou. Por uma infinita humilhação até a vergonha ele lutou. Então uma voz:)

44. Tu sempre lutas; mesmo em tua cessão tu lutas para ceder – e olha! tu não cedes.

45. Vai aos locais mais remotos e subjuga todas as coisas.

46. Subjuga teu medo e tua repugnância. Então – cede!

47. Havia uma donzela que andava a esmo no trigal, com um soluçado suspiro; então cresceu um novo nascido, um narciso, e nele ela esqueceu seu lamento e sua solidão.

48. No mesmo instante, Hades montou pesadamente sobre ela e a raptou.

49. (Então o escriba conheceu o narciso em seu coração; mas ele não veio aos seus lábios, consequentemente ele se envergonhou e não falou mais.)

50. Adonai ainda falou mais uma vez com V.V.V.V.V. e disse:

A terra está madura para a vindima; comamos de suas uvas, e embriaguemo-nos com elas.

51. E V.V.V.V.V. respondeu e disse: ó, meu Senhor, meu pombo, meu excelso, como parecerá esta palavra aos filhos dos homens?

52. E Ele respondeu-lhe: Não como tu podes ver.

É certo que cada letra deste código tem algum valor; mas quem determinará o valor? Pois ele varia sempre, de acordo com a sutileza d'Aquele que o fez.

53. E Ele respondeu-lhe: Não tenho Eu a chave dele? Eu estou vestido com o corpo de carne; Eu sou um com o Eterno e Onipotente Deus.

54. Então disse Adonai: Tu tens a Cabeça do Falcão, e teu Falo é o Falo de Asar. Tu conheces o branco, e tu conheces o preto, e tu sabes que estes são um. Mas por que tu buscas o conhecimento da equivalência deles?

55. E ele disse: Para que minha Obra possa ser correta.

56. E Adonai disse: o ceifador forte e moreno arou sua faixa de terra e regozijou-se. O homem sábio contou os músculos dele, e ponderou, e não entendeu, e entristeceu-se. Ceifa e regozija-te!

57. Então o Adeptus ficou contente, e ergueu os braços. Olha! Um terremoto, e praga, e terror na terra!

Uma queda daqueles que sentavam em lugares elevados; uma fome sobre a multidão!

58. E a uva caiu madura e opulenta em sua boca.

59. Manchada está a púrpura da tua boca, ó, brilhante, com a branca glória dos lábios de Adonai.

60. A espuma da uva é como a tempestade sobre o mar; os navios tremem e balançam; o capitão está com medo.

61. Isso é tua embriaguez, ó, sacratíssimo, e os ventos rodopiam e levam para longe a alma do escriba para o porto feliz.

62. Ó, Senhor Deus! Que o porto seja derrubado pela fúria da tempestade! Que a espuma da uva tinja minha alma com a Tua luz!

63. Baco envelheceu, e era Sileno; Pan foi sempre Pan para sempre e sempre mais por meio dos æons.

64. Intoxica o mais íntimo, ó, meu amante, não o mais externo!

65. E assim foi – sempre o mesmo! Eu tenho buscado a baqueta descascada do meu Deus, e consegui; sim, eu consegui.

II

1. Eu entrei na montanha de lápis-lazúli, assim como um falcão verde entre os pilares de turquesa que está sentado sobre o trono do Oriente.

2. Então eu vim para Duant, a morada estrelada, e eu ouvi vozes gritando alto.

3. Ó, Tu que te assentas sobre a Terra! (assim me falou certo Velado) tu não és maior que tua mãe! Tu, partícula de poeira infinitesimal! Tu és o Senhor da Glória, e o cão imundo.

4. Inclinando-me, mergulhando minhas asas, eu vim até as moradas sombriamente esplêndidas. Lá naquele abismo informe me tornei um participante dos Mistérios Invertidos.

5. Eu sofri o abraço mortal da Serpente e do Bode; eu prestei a homenagem infernal à vergonha de Khem.

6. Nisso havia esta virtude, que o Um tornou-se o todo.

7. Além disso, eu contemplei a visão de um rio. Nele havia um pequeno barco; e neste, sob velas púrpuras, estava uma mulher dourada, uma imagem de Asi moldada no ouro mais fino. Também, o rio era de sangue, e o barco de aço brilhante. Então eu a amei; e, desatando meu cinturão, atirei-me à correnteza.

8. Eu recolhi-me ao pequeno barco, e durante muitos dias e noites eu a amei, queimando lindo incenso diante dela.

9. Sim! Eu lhe dei da flor da minha juventude.

10. Mas ela não se moveu; somente pelos meus beijos eu a conspurquei tanto que ela enegreceu diante de mim.

11. Entretanto, eu a venerei e dei-lhe da flor da minha juventude.

12. Também aconteceu que por meio disto ela adoeceu, e corrompeu-se diante de mim. Eu quase me atirei à correnteza.

13. Então, no fim designado, o corpo dela era mais branco que o leite das estrelas, e seus lábios vermelhos e quentes como o pôr do sol, e sua vida de um calor branco, como o calor do sol do meio-dia.

14. Então, ela se ergueu do abismo das Eras de Sono, e seu corpo me abraçou. Eu me derreti por completo em sua beleza, e alegrei-me.

15. O rio também se tornou o rio de Amrit, e o pequeno barco era a carruagem da carne, e suas velas o sangue do coração que me sustenta, que me sustenta.

16. Ó, mulher serpente das estrelas! Eu, mesmo eu, Te engendrei a partir de uma pálida imagem de ouro fino.

17. Também o Sacratíssimo veio sobre mim, e eu vi um cisne branco flutuando no azul.

18. Entre suas asas eu me sentei, os æons voaram para longe.

19. Então o cisne voou, e mergulhou, e subiu, no entanto, não chegamos a lugar algum.

20. Um menininho louco que montava comigo falou ao cisne, e disse:

21. Quem és tu que flutuas e voas e mergulhas e sobes inane? Contempla, todos estes æons passaram; de onde vens tu? Aonde vais?

22. E rindo, eu ralhei com ele, dizendo: Não há de onde! Não há para onde!

23. Estando o cisne em silêncio, ele respondeu: Então, se não há meta, por que esta eterna jornada?

24. E eu reclinei minha cabeça contra a Cabeça do Cisne, e ri-me, dizendo: Não há júbilo inefável neste voo sem objetivo? Não há cansaço e impaciência para quem gostaria de alcançar alguma meta?

25. E o cisne permaneceu em silêncio. Ah! mas nós flutuamos no infinito Abismo. Júbilo! Júbilo!

Cisne branco, sustenta-me para sempre entre tuas asas!

26. Ó, silêncio! Ó, êxtase! Ó, fim das coisas visíveis e invisíveis. Tudo isto é meu, que Não sou.

27. Deus radiante! Deixa-me engendrar uma imagem de gemas e ouro para Ti! que as pessoas possam lançá-la ao chão e pisoteá-la até virar pó! Que a Tua glória possa ser vista deles.

28. Nem será falado nos mercados que eu sou aquele que deve vir; mas a Tua vinda será a única palavra.

29. Tu Te manifestarás no não manifesto; nos locais secretos os homens se reunirão contigo, e Tu os sobrepujará.

30. Eu vi um jovem pálido e triste deitado sobre o mármore, à luz do sol, chorando. A seu lado estava o alaúde esquecido. Ah! mas ele chorava.

31. Então veio uma águia do abismo de glória e cobriu-o com sua sombra. Tão escura era a sombra que ele deixou de ser visível.

32. Mas eu ouvi o alaúde tocando através do sereno ar azul.

33. Ah! mensageiro do Bem-Amado, que a Tua sombra esteja sobre mim!

34. Teu nome é Morte, poderia ser, ou Vergonha, ou Amor.

Contanto que me tragas notícias do Bem-Amado, não perguntarei teu nome.

35. Onde o Mestre está agora?, grita a meninada enlouquecida.

Ele está morto! Ele está envergonhado! Ele está casado! e sua galhofa dará volta ao mundo.

36. Mas o Mestre terá tido a sua recompensa. A gargalhada dos galhofeiros será um arrepio no cabelo do Bem-Amado.

37. Contempla! O Abismo da Grande Profundeza. Lá existe um poderoso golfinho, agitando seus flancos com a força das ondas.

38. Outrossim, há um harpista de ouro, tocando melodias infinitas.

39. Então o golfinho se deleitou ali, deixou seu corpo e se tornou um pássaro.

40. O harpista também pôs de lado sua harpa, e tocou melodias infinitas na Flauta de Pan.

41. Então o pássaro desejou exageradamente esta bem-aventurança e, depondo suas asas, tornou-se um fauno da floresta.

42. O harpista também depôs sua flauta de Pan, e com a voz humana cantou as suas melodias infinitas.

43. Então o fauno estava extasiado, e seguiu longe; por fim o harpista silenciou, e o fauno se tornou Pan no meio da floresta primal da Eternidade.

44. Tu não podes encantar o golfinho com silêncio, ó, meu profeta!

45. Então o Adeptus ficou extasiado com bem-aventurança, e o além da bem-aventurança, e excedeu o excesso do excesso.

46. Também seu corpo tremeu e cambaleou com o fardo daquela bem-aventurança e daquele excesso e daquele supremo inominável.

47. Eles gritaram: Ele está embriagado ou Ele está maluco ou Ele sofre com dores ou Ele está morrendo; e ele não os ouviu.

48. Ó, meu Senhor, meu amado! Como hei de compor canções, quando até mesmo a memória da sombra da Tua glória é algo além de toda música, da fala ou do silêncio?

49. Contempla! Eu sou um homem. Mesmo uma criancinha poderia não suportar a Ti. E olha!

50. Eu estava sozinho num grande parque, e junto a certa colina estava um círculo de profunda relva esmaltada, onde alguns, vestidos de verde, belíssimos, brincavam.

51. Em sua brincadeira, eu cheguei até mesmo à terra do Sono Encantado.

Todos os meus pensamentos estavam vestidos de verde; eles eram muito belos.

52. A noite inteira eles dançaram e cantaram; mas Tu és a manhã, ó, meu querido, minha serpente que Te constringe neste coração.

53. Eu sou o coração, e Tu a serpente. Constringe-te bem rente ao meu corpo, de modo que nenhuma luz e nenhuma bem--aventurança possam penetrar.

54. Espreme meu sangue, como a uva sobre a boca de uma alva garota dórica que enlanguesce com seu amante ao luar.

55. Então deixa o Fim despertar. Longamente Tu dormiste, ó, grande Deus Terminus! Longas eras Tu esperaste no fim da cidade e pelas estradas afora.

 Desperta! não esperes mais!

56. Não, Senhor! Afinal, quem espera sou eu.

57. O profeta gritou contra a montanha: vem aqui, para que eu possa falar contigo!

58. A montanha não se moveu. Portanto, o profeta foi até a montanha, e falou com ela. Mas os pés do profeta estavam cansados, e a montanha não ouviu a voz dele.

59. Mas eu chamei por Ti, e eu viajei em busca de Ti, e de nada me valeu.

60. Eu esperei pacientemente, e Tu estavas comigo desde o princípio.

61. Isto agora eu sei, ó, meu amado, e nós estamos tranquilamente estirados entre as videiras.

62. Mas estes Teus profetas; eles devem gritar alto e flagelar a si mesmos; eles devem cruzar ermos intocados e oceanos insondáveis; esperar por Ti é o fim, não o princípio.

63. Que a escuridão cubra a escrita! Que o escriba se vá em seus caminhos.

64. Mas tu e eu estamos tranquilamente estirados entre as videiras; o que é ele?

65. Ó, Bem-Amado! não existe um fim? Não, mas existe um fim. Desperta! ergue-te! cinge teus membros, ó, corredor; leva a Palavra até as poderosas cidades, sim, até as poderosas cidades.

III

1. Em verdade e Amém! Eu passei pelo mar profundo, e pelos rios de água corrente que abundam acolá, e eu cheguei à Terra Sem Desejo.

2. Onde estava um unicórnio branco com uma coleira de prata, na qual estava gravado o aforismo *Linea viridis gyrat universa*.[18]

3. Então, a palavra de Adonai veio a mim pela boca do meu Magista, dizendo: ó, coração que está constrito pelos anéis da velha serpente, eleva-te à montanha da iniciação!

4. Mas eu me lembrei. Sim, Than, sim, Theli, sim, Lilith! estas três me entrelaçavam há tempos. Pois elas são uma.

5. Bela eras tu, ó, Lilith, mulher serpente!

6. Tu eras graciosa e deliciosa ao paladar, e teu perfume era de almíscar misturado com âmbar cinza.

7. Tu apertavas o coração com teus anéis e isso era o júbilo de toda a primavera.

8. Mas eu observei em ti certa mancha, mesmo naquilo em que me deleitava.

9. Eu observei em ti a mácula de teu pai, o símio, do teu ancestral, o Verme Cego do Lodo.

---

18. Em latim: "A linha verde circunda o universo".

10. Eu fitei o Cristal do Futuro e vi o horror do teu Fim.

11. Ademais, eu destruí o tempo Passado e o tempo Vindouro – não tinha eu o Poder da Ampulheta?

12. Mas, na mesma hora, eu contemplei a corrupção.

13. Então eu disse: ó, meu amado, ó, Senhor Adonai, eu oro a ti para afrouxar os anéis da serpente!

14. Mas ela estava apertada em volta de mim, de modo que minha Força era impedida em seu começo.

15. Eu também orei ao Deus Elefante, o Senhor dos Começos, para que destruísse a obstrução.

16. Esses deuses vieram rapidamente em meu auxílio. Eu os observei; eu me uni a eles; eu estava perdido em sua vastidão.

17. Então eu observei a mim mesmo circundado pelo Infinito Círculo de Esmeralda que circunda o Universo.

18. Ó, Serpente de Esmeralda, Tu não tens tempo Passado, nem tempo Vindouro. Verdadeiramente Tu não és.

19. Tu és deliciosa além de todo paladar e tato, Tu não-és-para--ser-contemplada pela glória, Tua voz está além da Fala e do Silêncio e a Fala dali, e o Teu perfume é de puro âmbar cinza, que não é comparável ao mais refinado ouro do ouro fino.

20. Também Teus anéis são de alcance infinito; o Coração que Tu circundas é um Coração Universal.

21. Eu, e Mim, e Meu, estavam sentados com alaúdes na praça do mercado da grande cidade, a cidade das violetas e das rosas.

22. A noite caiu, e a música dos alaúdes parou.

23. A tempestade surgiu, e a música dos alaúdes parou.

24. A hora passou, e a música dos alaúdes parou.

25. Mas Tu és Eternidade e Espaço; Tu és Matéria e Movimento; e Tu és a negação de todas essas coisas.

26. Pois não existe Símbolo de Ti.

27. Se eu digo Sobe e Vem através das montanhas! as águas celestiais fluem ao meu comando. Mas tu és a Água além das águas.

28. O coração vermelho triangulado foi estabelecido no Teu templo; pois os sacerdotes desprezaram igualmente o templo e o deus.

29. Todavia, o tempo todo Tu estavas ali oculto, como o Senhor do Silêncio está oculto nos botões do lótus.

30. Tu és Sebek, o crocodilo, contra Asar; tu és Mati, o Assassino, no Profundo. Tu és Tífon, a Fúria dos Elementos, ó, Tu, que transcendes as Forças em teu Concurso e Coesão, em tua Morte e Disrupção. Tu és Píton, a terrível serpente em volta do fim de todas as coisas!

31. Eu me virei três vezes em todas as direções; e, por fim, eu sempre cheguei a Ti.

32. Muitas coisas eu contemplei, mediatas e imediatas; contudo, não as contemplando mais, eu contemplei a Ti.

33. Vem, ó, Bem-Amado, ó, Senhor Deus do Universo, ó, Vastidão, ó, Minuto! Eu sou o Teu amado.

34. O dia inteiro eu canto o Teu deleite; a noite inteira eu me deleito em Teu canto.

35. Não existe nenhum outro dia ou noite além deste.

36. Tu estás além do dia e da noite; eu sou Tu mesmo, ó, meu Criador, meu Mestre, meu Companheiro!

37. Eu sou como o cachorrinho vermelho que senta sobre os joelhos do Desconhecido.

38. Tu me trouxeste grande deleite. Tu me deste de comer da Tua carne e do Teu sangue como uma oferta de intoxicação.

39. Tu cravaste as presas da Eternidade em minha alma, e o Veneno do Infinito me consumiu inteiramente.

40. Eu me tornei como um demônio voluptuoso da Itália; uma mulher bem forte com as bochechas carcomidas, consumida pela fome de beijos. Ela fez o papel de meretriz em diversos palácios; ela entregou o corpo dela às feras.

41. Ela matou seus parentes com forte veneno de sapos; ela foi flagelada com muitas chibatadas.

42. Ela foi esquartejada sobre a Roda; as mãos do carrasco a amarraram ali.

43. As fontes de água foram soltas sobre ela; ela lutou contra tormento extremo.

44. Ela rebentou sob o peso das águas; ela afundou no terrível Mar.

45. Assim sou eu, ó, Adonai, meu senhor, e tais são as águas da Tua intolerável Essência.

46. Assim sou eu, ó, Adonai, meu amado, e Tu me arrebentaste por completo.

47. Eu estou derramado como sangue jorrado sobre as montanhas; os Corvos da Dispersão me carregaram para absolutamente longe.

48. Portanto está afrouxado o selo que guardava o Oitavo abismo; portanto, é o vasto mar como um véu; portanto, há uma dilaceração de todas as coisas.

49. Sim, também verdadeiramente, Tu és a fresca quieta água da fonte encantada. Eu me banhei em Ti, e me perdi em Tua quietude.

50. Aquele que entrou como um valente menino de lindos membros sai como uma donzela, como uma criancinha em sua perfeição.

51. Ó, Tu, luz e deleite, enleva-me ao oceano leitoso das estrelas!

52. Ó, Tu, Filho de uma mãe que transcende a luz, abençoado seja Teu nome, e o Nome de Teu Nome, através das eras!

53. Contempla! eu sou uma borboleta na Fonte de Criação; deixa-me morrer antes da hora, caindo morto em Tua corrente infinita!

54. Também a corrente das estrelas flui sempre majestosa à Morada; carrega-me no Colo de Nuit!

55. Este é o mundo das águas de Maim; esta é a água amarga que se torna doce. Tu és belo e amargo, ó, dourado, ó, meu Senhor Adonai, ó, Abismo de Safira.

56. Eu sigo a Ti, e as águas da Morte lutam arduamente contra mim. Eu atravesso as Águas além da Morte e além da Vida.

57. Como responderei ao homem louco? Por nenhum caminho ele chegará à Tua Identidade!

58. Mas eu sou o Louco que não se importa com o Jogo do Mago. A mim a Mulher dos Mistérios instrui em vão; eu quebrei os grilhões do Amor e do Poder e da Veneração.

59. Portanto, a Águia se fez uma com o Homem, e o cadafalso[19] da infâmia dança com o fruto do justo.

60. Eu mergulhei, ó, meu querido, nas águas negras brilhantes, e eu Te arranquei como uma pérola negra de infinita preciosidade.

61. Eu desci, ó, meu Deus, ao abismo do todo, e eu Te encontrei lá no meio, sob o disfarce de Nada.

62. Mas como Tu és o Último, Tu também és o Próximo, e enquanto Próximo eu Te revelo à multidão.

63. Aqueles que sempre Te desejaram, Te obterão, mesmo no Fim do Desejo deles.

64. Glorioso, glorioso, glorioso és Tu, ó, meu amante supremo, ó, Ser do meu ser.

65. Pois eu Te achei igualmente no Mim e no Ti; não há diferença, ó, meu belo, ó, meu Desejável! No Um e nos Muitos eu Te encontrei; sim, eu Te encontrei.

---

19. *Gallows*, substantivo singular que designa o instrumento para execução de pena capital por estrangulamento, isto é, "cadafalso" ou "forca".

IV

1. Ó, coração de cristal! Eu, a Serpente, Te constrinjo; Eu penetro a minha cabeça no Teu núcleo central, ó, meu Deus amado.

2. Mesmo como nas ressoantes e altas ventanias de Mitilene, alguma divina mulher põe de lado a lira, com seus cachos flamejando como auréola, precipita-se no úmido coração da criação, assim como eu, ó, Senhor meu Deus!

3. Há uma beleza indescritível neste coração de corrupção, onde as flores flamejam.

4. Ai de mim! Mas a sede de Teu júbilo resseca esta garganta, de modo que Eu não consigo cantar.

5. Eu farei para mim um pequeno barco com a minha língua, e explorarei os rios desconhecidos. Pode ser que o sal eterno venha a se tornar doçura, e que a minha vida possa deixar de ser sedenta.

6. Ó, vós, que bebeis da salmoura do vosso desejo, vós estais à beira da loucura! Vossa tortura cresce à medida que bebais, ainda assim bebereis. Subi pelos regatos até a água fresca; eu vos esperarei com os meus beijos.

7. Como a pedra de bezoar que é encontrada na barriga da vaca, assim é meu amante dentre os amantes.

8. Ó, menino de mel! Traz-me aqui Teus membros frescos! Sentemo-nos um pouco no pomar, até o sol se pôr! Banqueteemos sobre a relva fresca. Trazei vinho, vós escravos, para que as bochechas do meu menino se enrubesçam.

9. No jardim de beijos imortais, ó, Brilhante, tu resplandeces! Faz de Tua boca uma papoula, de modo que um beijo seja a chave do sono infinito e lúcido, o sono de Shi-loh-am.

10. Em meu sono eu contemplei o Universo como um límpido cristal sem qualquer mancha.

11. Existem os pobres metidos a ricos, paupérrimos, que ficam à porta da taverna e tagarelam sobre suas façanhas de bebedeiras de vinho.

12. Existem os pobres metidos a ricos, paupérrimos, que ficam à porta da taverna e insultam os hóspedes.

13. Os hóspedes folgam sobre sofás de madrepérola no jardim; o barulho dos homens loucos está escondido deles.

14. Apenas o taverneiro teme que os favores do rei venham a lhe ser negados.

15. Assim falou o Magista V.V.V.V.V. a Adonai, seu Deus, enquanto eles brincavam juntos à luz das estrelas de encontro à profunda piscina negra que está no Lugar Sagrado da Casa Sagrada, sob o Altar do Sacratíssimo.

16. Mas Adonai riu, e brincou mais languidamente.

17. Então o escriba tomou nota, e ficou contente. Mas Adonai não tinha medo do Mago e seu jogo.

Pois foi Adonai quem ensinou ao Mago todos os seus truques.

18. E o Magista entrou no jogo do Mago. Quando o Mago ria, ele ria; tudo como um homem deve fazer.

19. E Adonai disse: Tu estás preso na teia do Mago. Isto Ele disse sutilmente, para prová-lo.

20. Mas o Magista deu o sinal do Magistério e riu dele: ó, Senhor, ó amado, relaxaram-se estes dedos nos Teus cachos, ou estes olhos desviaram-se do Teu olho?

21. E Adonai deleitou-se nele imoderadamente.

22. Sim, ó, meu mestre, tu és o amado do Bem-Amado; a Ave Bennu não está posta em Philæ em vão.

23. Eu, que fui a sacerdotisa de Ahathoor, regozijo-me em teu amor. Ergue-te, ó, Deus-Nilo, e devora o lugar sagrado da Vaca do Céu! Que o leite das estrelas seja bebido por Sebek, o habitante do Nilo!

24. Ergue-te, ó, serpente Apep, Tu és Adonai, o bem-amado! Tu és meu querido e meu senhor, e Teu veneno é mais doce que os beijos de Ísis, a mãe dos Deuses!

25. Pois Tu és Ele! Sim, Tu engolirás Asi e Asar, e os filhos de Ptah. Tu vomitarás um enxurro de veneno para destruir os trabalhos do Mago. Somente o Destruidor Te devorará; Tu enegrecerás a garganta dele, onde o espírito dele habita. Ah, serpente Apep, mas Eu Te amo!

26. Meu Deus! Que Tua presa secreta penetre até o tutano do ossinho secreto que eu guardei para o Dia da Vingança de Hoor-Rá. Que Kheph-Rá soe seu zumbido fragmentado de zangão! que os chacais do Dia e da Noite uivem na imensidão do Tempo! que as Torres do Universo tremam, e os guardiões fujam correndo! Pois meu Senhor revelou-Se como uma poderosa serpente, e meu coração é o sangue do corpo D'Ele.

27. Eu sou como uma cortesã de Corinto doente de amor. Eu brinquei com reis e capitães, e fiz deles meus escravos. Hoje eu sou a escrava da pequena áspide da morte; e quem desatará nosso amor?

28. Cansado, cansado!, diz o escriba, quem me levará à visão do Êxtase do meu mestre?

29. O corpo está cansado e a alma dolorosamente cansada, e sono lhes pesa nas pálpebras; no entanto, está sempre presente a certeira consciência do êxtase, desconhecido, entretanto, sabendo que sua existência é certa. Ó, Senhor, sê minha ajuda, e me traz à bem-aventurança do Bem-Amado!

30. Eu cheguei à casa do Bem-Amado, e o vinho era como fogo que voa com asas verdes pelo mundo das águas.

31. Eu senti os lábios vermelhos da natureza e os lábios negros da perfeição. Como irmãs, elas me acariciaram, irmãozinho delas; elas me enfeitaram como uma noiva; elas me conduziram à Tua câmara nupcial.

32. Elas fugiram à Tua chegada; eu estava só perante Ti.

33. Eu tremi à Tua chegada, ó, meu Deus, pois Teu mensageiro era mais terrível que a *estrela da Morte*.

34. Na soleira permaneceu em pé a fulminante figura do Mal, o Horror da vacuidade, com seus olhos fantasmagóricos semelhantes a poços venenosos. Ele permaneceu, e o quarto corrompeu-se; o ar fedia. Ele era um velho peixe enrugado, mais horrendo que os cascos de Abadom.

35. Ele me envolveu com seus tentáculos demoníacos; sim, os oito medos se apossaram de mim.

36. Mas eu estava ungido com o dulcíssimo óleo do Magista; eu escapuli do abraço como uma pedra do estilingue de um menino dos bosques.

37. Eu era liso e duro como o marfim; o horror não se apossou. Então, ao ruído do vento da Tua chegada, ele foi

dissolvido, e o abismo do grande vazio foi descerrado diante de mim.

38. Através do mar sem ondas da eternidade, Tu rumaste com Teus capitães e Tuas hostes; com Tuas bigas e cavaleiros e lanceiros, Tu viajaste pelo azul.

39. Antes que eu Te visse, Tu já estavas comigo; eu fui trespassado por Tua maravilhosa lança.

40. Tal como um pássaro, eu fui ferido pelo raio do trovejador; fui perfurado como o ladrão pelo Senhor do Jardim.

41. Ó, meu Senhor, naveguemos sobre o mar de sangue!

42. Existe uma profunda mancha sob a inefável bem-aventurança; é a mancha da geração.

43. Ainda que a flor balance radiante à luz do sol, a raiz é profunda na escuridão da terra.

44. Louvo a ti, ó, bela terra escura, tu és a mãe de um milhão de miríades de miríades de flores.

45. Eu também contemplei meu Deus, e o semblante D'Ele era mil vezes mais brilhante do que o relâmpago. Entretanto, no coração Dele eu contemplei o Lento e Escuro, o Ancião, o devorador dos próprios filhos.

46. No cume e no abismo, ó, meu belo, não existe nada, em verdade não existe coisa alguma que não seja completa e perfeitamente engendrada para Teu deleite.

47. A Luz adere à Luz, e a imundície à imundície; com orgulho uma acusa a outra. Mas não Tu, que és tudo, e além disso; que estás absolvido da Divisão das Sombras.

48. Ó, dia da Eternidade, que Tua onda se quebre em glória sem espuma de safira sobre o laborioso coral de nossa criação!

49. Nós fizemo-nos um anel de branca areia reluzente, sabiamente espalhada no meio do Deleitoso Oceano.

50. Que as palmeiras brilhantes floresçam sobre a nossa ilha; nós comeremos do seu fruto, e ficaremos contentes.

51. Mas para mim a água lustral, a grande ablução, a dissolução da alma naquele ressoante abismo.

52. Eu tenho um filho pequeno libertino como um bode; minha filha é como um filhote de águia sem plumas; eles conseguirão nadadeiras, para que possam nadar.

53. Para que eles possam nadar, ó, meu amado, nadar longe no morno mel do Teu ser, ó, abençoado, ó, menino de beatitude!

54. Este meu coração está constrito com a serpente que devora seus próprios anéis.

55. Quando haverá um fim, ó, meu querido, ó, quando o Universo e seu Senhor serão completamente engolidos?

56. Não! quem devorará o Infinito? quem desfará o Erro do Princípio?

57. Tu gritas como um gato branco sobre o telhado do Universo; não há ninguém para Te responder.

58. Tu és como um pilar solitário no meio do mar; não há ninguém para Te contemplar, ó, Tu que contemplas tudo!

59. Tu esmoreces, tu fracassas, tu, escriba; gritou a Voz desolada; mas Eu te enchi de um vinho cujo sabor tu não conheces.

60. Ele servirá para embriagar o povo da velha esfera cinzenta que rola no infinitamente Longe; eles lamberão o vinho como cães que lambem o sangue de uma bela cortesã trespassada pela Lança de um veloz cavaleiro que atravessa a cidade.

61. Eu também sou a Alma do deserto; tu me procurarás ainda uma vez no ermo de areia.

62. Em tua mão direita, um grão-senhor e um formoso; em tua mão esquerda, uma mulher vestida em gaze e ouro, tendo as estrelas no cabelo dela. Vós viajareis para longe, até uma terra de pestilência e mal; vós acampareis no rio de uma tola cidade esquecida; lá encontrareis Comigo.

63. Lá Eu farei Minha habitação; como para bodas Eu virei enfeitado e ungido; lá a Consumação será feita.

64. Ó, meu querido, Eu também espero pelo brilho da hora inefável, quando o universo será como uma cinta para o meio do raio do nosso amor, estendendo-se além do fim permitido do Infindo.

65. Então, ó, tu, coração, Eu, a serpente, te devorarei inteiramente; sim, Eu te devorarei inteiramente.

V

1. Ah!, meu Senhor Adonai, que flerta com o Magista na Tesouraria de Pérolas, que eu escute o eco de teus beijos.

2. Não é o céu estrelado sacudido como uma folha no trêmulo êxtase do teu amor? Não sou eu a esvoaçante fagulha de luz arremessada longe pelo grande vento da tua perfeição?

3. Sim, gritou o Sacratíssimo, e da Tua fagulha, Eu, o Senhor, acenderei uma grande luz; Eu queimarei por completo a cidade cinzenta na velha terra desolada; Eu a limparei da sua grande impureza.

4. E tu, ó, profeta, verás estas coisas, e tu não prestarás atenção a elas.

5. Agora o Pilar está estabelecido no Vazio; agora Asi está satisfeita por Asar; agora Hoor desce à Alma Animal das Coisas como uma estrela flamejante que cai sobre a escuridão da terra.

6. Através da meia-noite tu és largado, ó, meu filho, meu conquistador, meu capitão cingido com a espada, ó, Hoor! e eles te acharão como uma nodosa pedra negra brilhante, e eles te venerarão.

7. Meu profeta profetizará a teu respeito; em tua volta dançarão as donzelas, e brilhantes bebês nascerão delas. Tu inspirarás os orgulhosos com infinito orgulho, e os humildes com um êxtase de abjeção; tudo isto transcenderá o Conhecido e o Desconhecido com algo que não tem nome. Pois isso é como o abismo do Arcano que é aberto no secreto Lugar do Silêncio.

8. Tu chegaste até aqui, ó, meu profeta, por graves caminhos. Tu comeste do excremento dos Abomináveis; tu te prostraste diante do bode e do Crocodilo; os homens maus fizeram de ti um joguete; tu vagaste pelas ruas como uma estonteante meretriz, maquiada, com doce perfume e colorido chinês; tu escureceste os cantos dos teus olhos com Kohl; tu tingiste teus lábios com vermelhão;[20] tu emplastraste tuas bochechas com esmaltes de marfim. Tu bancaste a libertina em todos os portões e becos da grande cidade. Os homens da cidade te seguiram desejosos de te

---

20. *Vermilion*, sulfeto vermelho de mercúrio, também conhecido como "cinabre" e "cinábrio".

abusar e te espancar. Eles mastigaram as douradas lantejoulas de fino pó com as quais tu enfeitaste os teus cabelos; eles fustigaram tua carne pintada com açoites; tu sofreste coisas indizíveis.

9. Mas Eu queimei dentro de ti como uma pura chama sem óleo. À meia-noite Eu estava mais brilhante do que a lua; durante o dia Eu excedi completamente o sol; nos atalhos pouco trilhados do teu ser Eu flamejei, e dissipei a ilusão.

10. Portanto, tu és completamente puro diante de Mim; portanto, tu és eternamente Minha virgem.

11. Portanto, Eu te amo com amor insuperável; portanto, aqueles que te desprezam te adorarão.

12. Tu serás amoroso e piedoso para com eles; tu os curarás do mal inenarrável.

13. Eles mudarão ao serem destruídos, mesmo como duas estrelas escuras que se chocam no abismo e flamejam num incêndio infinito.

14. Durante tudo isso Adonai trespassou meu ser com a espada que tem quatro lâminas; a lâmina do raio, a lâmina do pilone, a lâmina da serpente, a lâmina do Falo.

15. Ele também me ensinou a indizível palavra sacra Ararita, de modo que eu derreti o ouro sêxtuplo em um único ponto invisível, do qual nada se pode dizer.

16. Pois o Magistério deste Opus é um magistério secreto, e o sinal do mestre disso é certo anel de lápis-lazúli com o nome do meu mestre, que sou eu, e o Olho no Meio dele.

17. Também Ele falou e disse: Isto é um sinal secreto, e tu não o revelarás ao profano, nem ao Neófito, nem ao Zelator, nem

ao Practicus, nem ao Philosophus, nem ao Adeptus Minor, nem ao Adeptus Major.[21]

18. Mas, ao Adeptus Exemptus, tu te desvelarás se tiveres necessidade dele para as operações menores da tua arte.

19. Aceita a adoração da gente tola a quem odeias. O Fogo não é conspurcado pelos altares dos Ghebers, nem a Lua é contaminada pelo incenso daqueles que adoram a Rainha da Noite.

20. Tu viverás entre o povo como um diamante precioso entre diamantes impuros, e cristais, e pedaços de vidro. Somente o olho do mercador justo te contemplará, e mergulhando sua mão te escolherá e te glorificará diante dos homens.

21. Mas tu não prestarás atenção a nada disto. Tu serás sempre o coração, e eu, a serpente, constringirei em volta de ti. Meus anéis nunca relaxarão por meio dos æons. Nem mudança, nem sofrimento, nem insubstancialidade te terão; pois tu ultrapassaste todos eles.

22. Assim como o diamante brilhará vermelho para a rosa e verde para a folha da roseira; assim, tu permanecerás à parte das Impressões.

23. Eu sou tu, e o Pilar está estabelecido no vazio.

24. Tu também estás além das estabilidades do Ente e da Consciência e da Bem-Aventurança; pois Eu sou tu, e o Pilar está estabelecido no vazio.

25. Tu também discursarás sobre estas coisas ao homem que as escreve, e ele partilhará delas como um sacramento; pois eu que sou tu sou ele, e o Pilar está estabelecido no vazio.

---

21. Adotei a nomenclatura usada pela Astrum Argentum no Brasil.

26. Da Coroa ao Abismo, assim ele vai único e ereto. Também a esfera ilimitada o resplandecerá com o seu brilho.

27. Tu te regozijarás nas piscinas de água adorável; enfeitarás tuas damas com pérolas de fecundidade; acenderás flamas como línguas lambentes de licor dos Deuses entre as piscinas.

28. Tu também converterás o ar devastador em ventos de água pálida, tu transmutarás a terra em um abismo azul de vinho.

29. Rubros são os lampejos de rubi e ouro que ali chispam; uma gota intoxicará o Senhor dos Deuses, meu servidor.

30. Adonai também falou a V.V.V.V.V., dizendo: ó, meu pequeno, meu tenro, meu amorzinho, minha gazela, meu belo, meu menino, enchamos o pilar do Infinito com um beijo infinito!

31. De modo que o estável foi sacudido e o instável se aquietou.

32. Aqueles que contemplaram isto gritaram com um formidável medo:

O fim das coisas chegou até nós.

33. E assim foi.

34. Eu também estive na visão espiritual e contemplei uma pompa parricida de ateístas, conjugados de dois em dois no êxtase supremo das estrelas. Eles riam e se regozijavam em excesso, estando vestidos em robes púrpuras, e embriagados com vinho púrpura, e sua alma inteira era uma só purpúrea flama-flor de sacralidade.

35. Eles não contemplavam Deus; eles não contemplavam a Imagem de Deus; portanto, eles estavam erguidos ao Palácio do Inefável Esplendor. Uma espada afiada golpeava diante deles,

e o verme Esperança retorceu-se em sua agonia sob os pés deles.

36. Mesmo quando o êxtase deles despedaçou a Esperança visível, assim também o Medo Invisível fugiu correndo e não foi mais.

37. Ó, vós que estais além de Aormuzdi e Ahrimanes! abençoados sois vós através das eras.

38. Eles moldaram Dúvida em forma de foice, e colheram as flores da Fé para suas grinaldas.

39. Eles moldaram uma lança do Êxtase, e atravessaram o velho dragão que estava sentado sobre a água estagnada.

40. Então as fontes frescas foram libertadas, para que a gente sedenta pudesse ficar tranquila.

41. E de novo eu fui arrebatado à presença do meu Senhor Adonai, e o conhecimento e Conversação do Sacratíssimo, o Anjo que me guarda.

42. Ó, Sacro Exaltado, ó, Ego além do ego, ó, Imagem Autoluminosa do Nada Inimaginável, ó, meu querido, meu belo, vem e segue-me.

43. Adonai, divino Adonai, que Adonai inicie refulgente flerte! Assim eu ocultei o nome do nome d'Ela que inspira meu êxtase, o odor de cujo corpo confunde a alma, a luz de cuja alva rebaixa este corpo às feras.

44. Eu suguei o sangue com meus lábios; eu drenei a beleza D'Ela de seu sustento; eu A rebaixei diante de mim, eu A dominei, eu A possuí, e a vida d'Ela está em mim. No sangue d'Ela inscrevo os enigmas secretos da Esfinge dos Deuses, que ninguém compreenderá – salvo apenas os puros e voluptuo-

sos, os castos e obscenos, os andrógenos e os hermafroditas que passaram além das barras da prisão que o velho Lodo de Khem estabeleceu nos Portões de Amennti.

45. Ó, minha adorável, minha deliciosa, a noite inteira eu verterei a libação nos Teus altares; a noite inteira eu queimarei o sacrifício de sangue; a noite inteira eu balançarei o turíbulo do meu deleite diante de Ti, e o fervor das orações intoxicará Tua narinas.

46. Ó, tu, ó, Tu que vieste da terra do Elefante, cingido com a pele do tigre, e ornamentado com o lótus do espírito, Tu inebrias a minha vida com Tua loucura, para que Ela pule quando eu passar.

47. Pede às Tuas donzelas, que Te seguem, que nos arrumem uma cama de flores imortais, para que ali tenhamos nosso prazer. Pede aos Teus sátiros que amontoem espinhos entre as flores, para que ali tenhamos nossa dor. Que o prazer e a dor sejam misturados em uma suprema oferta ao Senhor Adonai!

48. Eu também ouvi a voz de Adonai, o Senhor, o desejável, concernente àquilo que está além.

49. Que os habitantes de Tebas e seus templos nunca tagarelem dos Pilares de Hércules e o Oceano do Oeste. Não é o Nilo uma água bela?

50. Que o sacerdote de Ísis não descubra a nudez de Nuit, pois todo passo é uma morte e um nascimento. O sacerdote de Ísis levantou o véu de Ísis, e foi morto pelos beijos da sua boca. Então, ele foi o sacerdote de Nuit, e bebeu do leite das estrelas.

51. Que o fracasso e a dor não desanimem os veneradores. As fundações da pirâmide foram talhadas da rocha viva antes do

pôr do sol; chorou o rei na aurora porque a coroa da pirâmide ainda não havia sido escavada na terra distante?

52. Houve também um beija-flor que falou com a víbora cornuda, e rogou-lhe por veneno. E a grande cobra de Khem, o Sacratíssimo, a serpente régia Uraeus, respondeu-lhe e disse:

53. Eu naveguei sobre o céu de Nu no carro chamado Milhões-de-Anos, e não vi nenhuma criatura sobre Seb que fosse igual para mim. O veneno da minha presa é a herança do meu pai, e do pai do meu pai; e como o darei a ti? Vivei tu e teus filhos como eu e meus pais temos vivido, mesmo que durante cem milhões de gerações, e pode ser que a misericórdia dos Poderosos confira sobre teus filhos uma gota do veneno ancestral.

54. Então o beija-flor afligiu-se em seu espírito, e voou por entre as flores, e foi como se nada tivesse sido dito entre eles. No entanto, daí a pouco uma serpente o atacou e ele morreu.

55. Mas um Íbis que meditava sobre a margem do Nilo, o belo deus, ouviu e escutou. E ele abandonou seus hábitos de Íbis e passou a ser como uma serpente, dizendo: Porventura em cem milhões de milhões de gerações dos meus filhos, eles conseguirão uma gota do veneno da presa do Exaltado.

56. E contempla! Antes que a lua crescesse três vezes, ele virou uma serpente Uraeus, e o veneno da presa fixou-se nele e em sua semente, para sempre e para sempre.

57. Ó, tu Serpente Apep, meu Senhor Adonai, isto é um grão do minuto, esta viagem pela eternidade, e à Tua vista as marcas são de belo mármore branco intocado pela ferramenta do cinzelador. Portanto, Tu és meu, mesmo agora e para sempre e para todo o sempre. Amém.

58. Além disso, ouvi a voz de Adonai: Sela o livro do Coração e da Serpente; no número cinco e sessenta sela o livro sagrado.

Como ouro fino que é batido em um diadema para a fiel rainha do Faraó, como grandes pedras que são cimentadas conjuntamente na Pirâmide da cerimônia da Morte de Asar, assim tu atas as palavras e os feitos, de forma que em tudo há um só Pensamento de Mim, teu deleite, Adonai.

59. E eu respondi e disse: isso está feito, exatamente de acordo com a Tua palavra. E foi feito. E aqueles que leram o livro e debateram-no passaram à terra desolada das Palavras Estéreis. E aqueles que selaram o livro com sangue foram os escolhidos de Adonai, e o Pensamento de Adonai era uma Palavra e um Feito; e eles habitaram na Terra que os viajantes longínquos chamam Nada.

60. Ó, terra além do mel e das especiarias e de toda perfeição! Eu viverei ali com meu Senhor para sempre.

61. E o Senhor Adonai deleita-se em mim, e eu porto o Cálice da Sua satisfação aos homens enfastiados da velha terra cinzenta.

62. Os que bebem dela caem enfermos; a abominação os têm possuído, e seu tormento é como a fumaça negra e espessa da morada do mal.

63. Porém, os escolhidos beberam dela, e tornaram-se assim como meu Senhor, meu belo, meu desejado. Não há vinho como este vinho.

64. Eles se congregam em um coração ardente, como Rá congrega suas nuvens ao Seu redor, ao entardecer, em um mar

revolto de júbilo; e a serpente, que é a coroa de Rá, entrelaça-os com o abraço dourado dos beijos da morte.

65. Assim também é o fim do livro, e o Senhor Adonai o envolve por todos os lados como um Raio, e um Pilone, e uma Serpente, e um Falo, e, no meio disto, Ele é como uma Mulher que esguicha de suas mamas o leite das estrelas; sim, o leite das estrelas de suas mamas.

A∴ A∴

Publicação em Classe A

LIBER STELLÆ RVBEÆ

UM RITUAL SECRETO DE APEP, O CORAÇÃO DE IAO-OAI, ENTREGUE A V.V.V.V.V. PARA SEU USO EM UM CERTO ASSUNTO DE LIBER LEGIS, E ESCRITO SOB A FIGURA

LXVI

1. Apep deifica Asar.

2. Que excelentes virgens evoquem regozijantes, filho da Noite!

3. Este é o livro do mais secreto ritual do Rubi Estrela. Ele não será dado a ninguém, com exceção dos desavergonhados em atos, bem como em palavras.

4. Nenhum homem entenderá esta escritura – ela é muito sutil para os filhos dos homens.

5. Se o Rubi Estrela verteu o seu sangue sobre ti; se na estação da lua tu invocaste pelo Iod e o Pe, então tu podes partilhar deste mais secreto sacramento.

6. Um instruirá o outro, sem preocupar-se com as questões do pensamento dos homens.

7. Haverá um imaculado altar no centro, estendido sobre uma pedra negra.

8. A extremidade do altar em ouro, e imagens gêmeas do mestre em verde.

9. No meio, uma taça de vinho verde.

10. Ao pé, a Estrela de Rubi.

11. O altar deverá estar inteiramente vazio.

12. Primeiro, o Ritual da Estrela Flamejante.

13. Em seguida, o Ritual do Selo.

14. Depois, as adorações infernais de OAI.

    Mu pa telai,
    Tu wa melai
    ā, ā, ā.

Tu fu tulu!
Tu fu tulu
Pa, Sa, Ga.

Qwi Mu telai
Ya Pu melai;
ū, ū, ū.
.Se gu malai;
Pe fu telai,
Fu tu lu.

O chi balae
Wa pa malae:.
Ūt! Ūt! Ūt!
Ge; fu latrai,
Le fu malai
Kūt! Hūt! Nūt!

Al ŌĀĪ
Rel moai
Ti.Ti.Ti!
Wa la pelai
Tu fu latai
Wi, Ni, Bi.

15. Tu também excitarás as rodas com as cinco chagas e as cinco chagas.

16. Então, tu excitarás as rodas com os dois e o terceiro no meio; mesmo ♄ e ♃, ☉ e ☽, ♂ e ♀, e ☿.[22]

17. Então o cinco – e o sexto.

18. O altar também fumegará diante do mestre com incenso que não tem fumaça.

---

22. Saturno e Júpiter, Sol e Lua, Marte e Vênus, e Mercúrio.

19. Aquilo que é para ser negado, será negado; aquilo que é para ser pisoteado, será pisoteado; aquilo que é para ser cuspido, será cuspido.

20. Estas coisas serão queimadas no fogo externo.

21. Então, novamente, o mestre falará por sua vontade palavras suaves, e com música e o que mais ele queira trazer diante da Vítima.

22. Ele também imolará uma jovem criança sobre o altar, e o sangue cobrirá o altar com um perfume como o de rosas.

23. Então o mestre aparecerá como Ele deve aparecer – em Sua glória.

24. Ele se espichará sobre o altar, e o despertará para a vida, e para a morte.

25. (Porque assim nós ocultamos aquela vida que está além.)

26. O templo estará às escuras, salvo pelo fogo e pela lâmpada do altar.

27. Ali ele acenderá um grande fogo e um devorador.

28. Ele também golpeará o altar com seu açoite, e o sangue escorrerá dali.

29. Ele também fará rosas florescerem ali.

30. No final, ele oferecerá o Vasto Sacrifício, no momento em que o Deus lamber a flama sobre o altar.

31. Todas essas coisas tu cumprirás rigorosamente, observando o tempo.

32. E o Bem-Amado permanecerá Contigo.

33. Tu não revelarás o mundo interior deste rito para ninguém: por isso eu o escrevi em símbolos que não podem ser compreendidos.

34. Eu que revelo o ritual sou IAO e OAI; o Reto e o Avesso.[23]

35. Estes são iguais para mim.

36. Agora, o Véu desta operação é chamado Vergonha, e a Glória habita nela.

37. Tu confortarás o coração da pedra secreta com o sangue quente. Tu farás uma refinada decocção do deleite, e os Guardiões beberão dela.

38. Eu, Apep, a Serpente, sou o coração de IAO. Ísis aguardará Asar, e Eu no meio.

39. A Sacerdotisa também procurará outro altar, onde realizará minhas cerimônias.

40. Não haverá hino nem ditirambo em meu louvor e no louvor do rito, visto que isto está absolutamente além.

41. Tu mesmo assegurarás a estabilidade do altar.

42. Neste rito, tu estarás sozinho.

43. Eu te concederei outra cerimônia, com a qual muitos se regozijarão.

44. Antes de tudo, que o Juramento seja feito firmemente, enquanto ergues o altar da terra negra.

---

23. *Right and Averse*. A primeira palavra tem o sentido geométrico de "reto" e o sentido moral de "correto", ambos contemplados pela palavra "reto". A segunda significa aversão, isto é, ser "avesso" a algo ou alguém. "Avesso" também significa "oposto", no caso oposto ao "reto". Frater Ever traduziu como "o Correto e o Avesso", enquanto Breslauer optou por "o Direito e o Anverso".

45. Nas palavras que Tu conheces.

46. Pois Eu também juro a ti, pelo meu corpo e alma, que jamais serão separados em dois, que Eu habito em ti, entrelaçado e pronto para saltar.

47. Eu darei a ti os reinos da terra, ó, tu Que dominaste os reinos do Oriente e do Ocidente.

48. Sou Apep, ó, Imolado. Tu te imolarás sobre o meu altar: Eu terei teu sangue para beber.

49. Pois Eu sou um poderoso vampiro, e meus filhos sorverão o vinho da terra, que é sangue.

50. Tu reabastecerás tuas veias do cálice do céu.

51. Tu serás secreto, um terror para o mundo.

52. Tu serás exaltado, e ninguém te verá; exaltado, e ninguém suspeitará de ti.

53. Pois há duas glórias diversas, e tu, que conquistaste a primeira, desfrutarás da segunda.

54. Eu salto de júbilo para dentro de ti; minha cabeça está erguida para golpear.

55. Ó, a luxúria, o puro êxtase da vida da serpente na coluna!

56. Mais poderoso do que Deus ou homem, Eu estou neles, e os permeio.

57. Segue estas minhas palavras.

58. Nada temas.

Nada temas.

Nada temas.

59. Pois nada Eu sou, e a mim temerás, ó, meu virgem, meu profeta, em cujas entranhas me regozijo.

60. Tu temerás com o medo do amor: Eu te conquistarei.

61. Tu estarás muito perto da morte.

62. Mas Eu te conquistarei; a Nova Vida te iluminará com a Luz que está além das Estrelas.

63. Tu pensaste? Eu, a força que tudo criou, não devo ser desdenhado.

64. E eu te imolarei em minha luxúria.

65. Tu gritarás com o júbilo e a dor e o medo e o amor – de modo que o ΛΟΓΟΣ de um novo Deus salte entre as Estrelas.

66. Nenhum som será ouvido, senão este teu leonino rugido de êxtase; sim, este teu leonino rugido de êxtase.

A∴ A∴

Publicação em Classe A

LIBER TZADDI VEL HAMVS HERMETICVS SVB FIGVRÂ XC

0. Em nome do Senhor da Iniciação, Amém.

1. Eu voo e pouso como um falcão: de mãe-esmeralda são minhas grandes e poderosas asas.

2. Eu mergulho sobre a terra negra; ela alegra-se verdejante com a minha chegada.

3. Filhos da Terra! regozijai-vos! regozijai-vos imoderadamente; pois vossa salvação se aproxima.

4. O fim do sofrimento chegou; eu vos arrebatarei para o meu inexprimível júbilo.

5. Eu vos beijarei, e vos trarei para as núpcias: eu prepararei um banquete perante vós na casa da felicidade.

6. Eu não vim para vos repreender, ou para escravizar-vos.

7. Eu não peço que renuncieis aos vossos modos voluptuosos, ao vosso ócio, às vossas tolices.

8. Mas eu vos trago júbilo para vosso prazer, paz para a vossa languidez, sabedoria para a vossa tolice.

9. Tudo o que fazeis está correto, contanto que vos agrade.

10. Eu vim contra o sofrimento, contra o cansaço, contra aqueles que buscam escravizar-vos.

11. Eu vos sirvo vinho lustral, que vos concede deleite tanto no pôr do sol quanto na aurora.

12. Vinde comigo, e eu vos darei tudo que é desejável sobre a terra.

13. Porque eu vos concedo algo em relação ao qual a Terra e seus júbilos não passam de sombras.

14. Elas fogem, mas o meu júbilo permanece até o fim.

15. Eu me escondi sob uma máscara. Eu sou um Deus negro e terrível.

16. Com a coragem, conquistando o medo, vós vos aproximareis de mim: vós repousareis as vossas cabeças sobre o meu altar, esperando o corte da espada.

17. Entretanto, o primeiro beijo de amor será radiante em vossos lábios; e toda a minha escuridão e meu terror se tornarão luz e prazer.

18. Somente os que temem fracassarão. Estes que curvam suas costas ao julgo da escravidão até não mais poderem estar eretos; estes eu desprezarei.

19. Mas vós que desafiastes a lei; vós que conquistastes por sutileza ou pela força; vós eu tomarei a mim; eu mesmo vos trarei para mim.

20. Eu nada vos peço que sacrifiqueis em meu altar; eu sou o Deus que tudo dá.

21. Luz, Vida, Amor; Força, Fantasia, Fogo; estes eu vos trago: deles minhas mãos estão cheias.

22. Há júbilo na partida; há júbilo na jornada; há júbilo na chegada.

23. Somente se estais desolados, ou cansados, ou enraivecidos ou desassossegados; então podeis saber que perdestes o fio de ouro, o fio com o qual eu vos guio ao coração dos bosques de Elêusis.

24. Meus discípulos são orgulhosos e belos; eles são fortes e velozes; eles controlam seu caminho como poderosos conquistadores.

25. Os fracos, os tímidos, os imperfeitos, os covardes, os pobres, os chorosos – estes são meus inimigos, e eu vim para destruí-los.

26. Isto também é compaixão: um fim para a doença da terra. Uma extirpação das ervas daninhas: uma irrigação das flores.

27. Ó, meus filhos, vós sois mais belos que as flores; vós não deveis murchar em vossa estação.

28. Eu vos amo; eu vos salpicaria com o divino orvalho da imortalidade.

29. Esta imortalidade não é nenhuma vã esperança além da sepultura; eu vos ofereço a certeira consciência da bem-aventurança.

30. Eu a ofereço imediatamente, sobre a terra; antes que uma hora tenha soado no sino, vós estareis Comigo nas Moradas que estão além da Decadência.

31. Eu também vos concedo poder e júbilo terrenos; riqueza, e saúde, e vida longa. Adoração e amor se agarrarão aos vossos pés, e se entrelaçarão em par ao redor do vosso coração.

32. Somente as vossas bocas beberão de um vinho delicioso – o vinho de Iacchus; elas sempre alcançarão o beijo celestial do Belo Deus.

33. Eu vos revelo um grande mistério. Vós estais de pé entre o abismo da altura e o abismo da profundidade.

34. Em cada um vos espera um Companheiro; e esse Companheiro é Vós Mesmos.

35. Não tenhais outro Companheiro.

36. Muitos têm-se erguido sendo sábios. Eles têm dito: "Procurai a Imagem brilhante no lugar sempre dourado, e uni-vos com Ela".

37. Muitos têm-se erguido sendo loucos. Eles têm dito: "Descei ao esplêndido mundo da escuridão e casai-vos com aquela Criatura Cega do Lodo".

38. Eu, que estou além da Sabedoria e da Tolice, me ergo e vos digo: realizai ambas as núpcias! Uni-vos com ambas!

39. Cuidado, cuidado, eu digo, receando que busqueis uma e percais a outra!

40. Meus adeptos se mantêm erguidos; suas cabeças acima dos céus, seus pés abaixo dos infernos.

41. Mas desde que um é naturalmente atraído pelo Anjo e outro pelo Demônio, que o primeiro fortifique o elo inferior, e que o último se vincule mais firmemente ao superior.

42. Assim o equilíbrio se tornará perfeito. Eu ajudarei meus discípulos; quanto mais rápido eles alcançarem este equilíbrio de poder e júbilo, mais rapidamente eu os impelirei.

43. Eles falarão, por sua vez, deste Invisível Trono; suas palavras iluminarão os mundos.

44. Eles serão mestres de majestade e poder; eles serão belos e jubilosos; eles estarão vestidos de vitória e esplendor; eles estarão de pé sobre o firme fundamento; o reino será deles; sim, o reino será deles.

Em nome do Senhor da Iniciação. Amém.

A∴ A∴

Publicação em Classe A

LIBER CHETH

VEL

VALLVM ABIEGNI

SVB FIGVRÂ

CLVI

1. Este é o segredo do Santo Graal, que é o cálice sagrado de nossa Senhora, a Mulher Escarlate, Babalon, a Mãe das Abominações, a noiva do Caos, que cavalga sobre nosso Senhor, a Besta.

2. Tu verterás o teu sangue, que é tua vida, dentro da taça dourada da fornicação dela.

3. Tu misturarás tua vida com a vida universal. Tu não reterás uma só gota.

4. Então teu cérebro silenciará e teu coração não mais baterá, e toda a tua vida se esvairá de ti; e serás lançado ao esterco, e os pássaros do ar se refestelarão com tua carne, e teus ossos se branquearão ao sol.

5. Então os ventos se reunirão, e te erguerão como se fosse um pequeno amontoado de pó numa folha que tem quatro cantos, e eles o entregarão aos guardiões do abismo.

6. E porque não há vida ali, os guardiões do abismo o oferecerão aos anjos dos ventos que por ali passam. E os anjos depositarão tua poeira na Cidade das Pirâmides, e o nome disso não existirá mais.

7. Agora, para que tu possas executar este ritual do Santo Graal, despoja-te de todos os teus bens.

8. Tu tens riqueza; concede-a àqueles que dela necessitam, porém não a desejam.

9. Tu tens saúde; imola a ti mesmo no fervor do teu abandono a Nossa Senhora. Que a tua carne penda frouxa sobre os teus ossos, e teus olhos brilhem com a tua insaciável luxúria pelo Infinito, com a tua paixão pelo Desconhecido, por Ela que está além do Conhecimento, o abominável. Que a tua carne, e que os teus olhos penetrem com tua volúpia inapagável no

Infinito, com tua paixão pelo Desconhecido, por Ela que está além do Conhecimento, o maldito.

10. Tu tens amor; arranca tua mãe do teu coração e cospe na cara do teu pai. Que teu pé pisoteie a barriga de tua mulher, e que o bebê no seio dela seja a presa de cães e abutres.

11. Pois se tu não fazes isto com tua vontade, então Nós o faremos, a despeito da tua vontade. Para que tu recebas o Sacramento do Graal na Capela de Abominações.

12. E contempla! se furtivamente tu manténs para ti um pensamento teu, então serás lançado ao abismo para sempre; e tu serás o solitário, o comedor de excrementos, o aflito no Dia do Esteja-Conosco.

13. Sim! certamente esta é a Verdade, esta é a Verdade, esta é a Verdade. A ti será concedido júbilo e saúde e riqueza e sabedoria, quando tu não fores mais tu.

14. Então cada ganho será um novo sacramento, que não o profanará; tu farrearás com o libertino na praça do mercado, e as virgens lançarão rosas sobre ti, e os mercadores dobrarão os joelhos e trarão ouro e especiarias. Outrossim, jovens rapazes te servirão maravilhosos vinhos, e os cantores e os dançarinos cantarão e dançarão para ti.

15. Todavia, tu não estarás ali, pois tu serás esquecido, poeira perdida na poeira.

16. Nem o próprio æon será útil a ti nisso; pois da poeira uma cinza branca será preparada por Hermes, o Invisível.

17. E esta é a fúria de Deus, que estas coisas devam ser assim.

18. E esta é a graça de Deus, que estas coisas devam ser assim.

19. Por esta razão eu vos ordeno que venhais até mim no Princípio; pois, se désseis apenas um passo neste Caminho, inevitavelmente atingiríeis o fim dele.

20. Este Caminho está além da Vida e da Morte; ele também está além do Amor; mas esse vós não conheceis, pois não conheceis o Amor.

21. E o final deste não é conhecido nem mesmo por Nossa Senhora, nem pela Besta que Ela cavalga; nem pela Virgem, sua filha, nem por Caos, seu legítimo Senhor; mas será ele conhecido pela Criança Coroada? Não se sabe se ele é conhecido.

22. Por conseguinte, que a Hadit e a Nuit sejam a glória no Fim e no Princípio; sim, no Fim e no Princípio.

A∴ A∴

Publicação em Classe A

LIBER AL VEL LEGIS

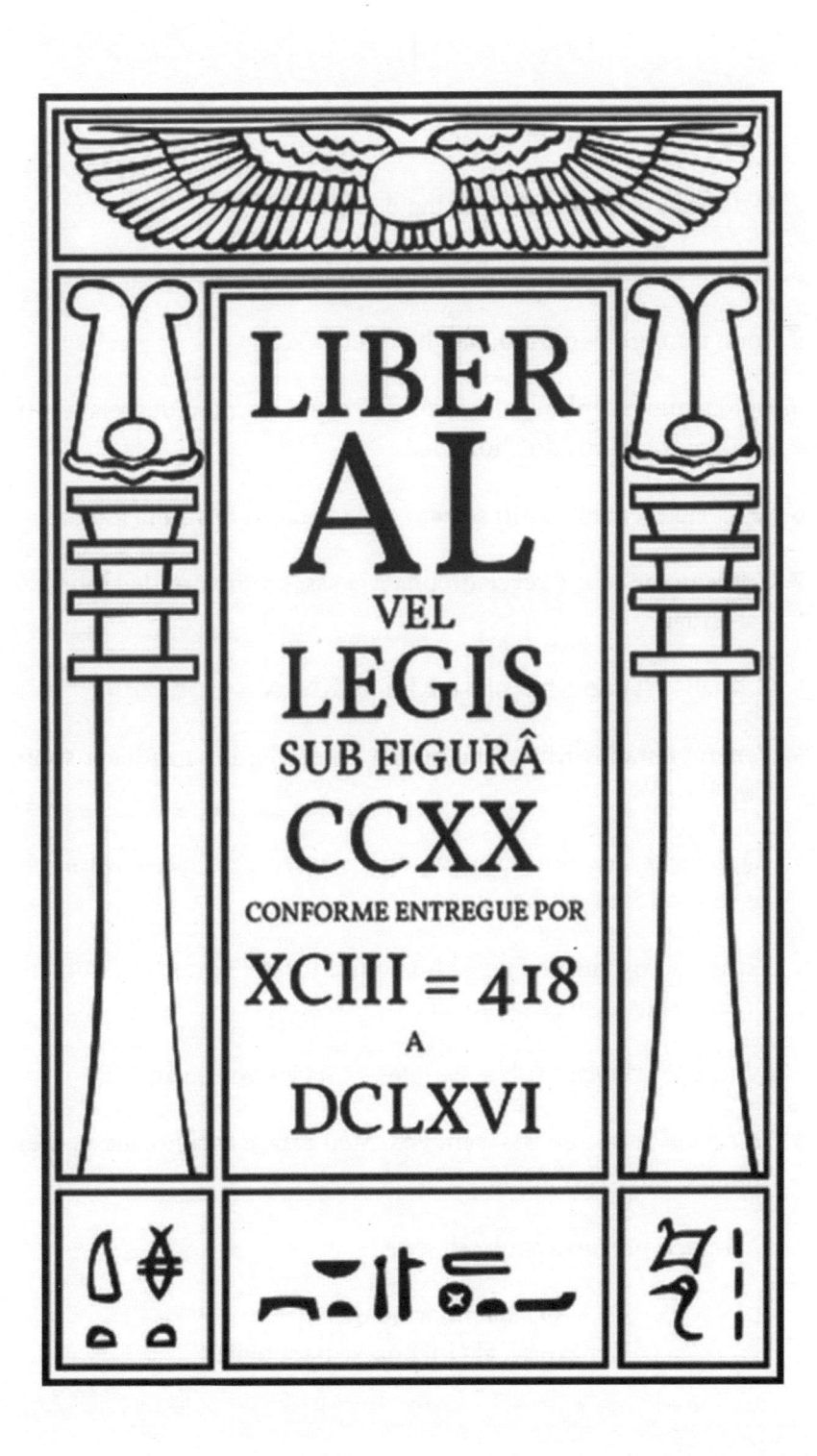

SUB FIGURÂ CCXX

CONFORME ENTREGUE POR

XCIII = 418

A

DCLXVI

I

1. Had! A manifestação de Nuit.

2. O desvelamento da companhia do céu.

3. Todo homem e toda mulher são estrelas.

4. Todo número é infinito; não há diferença.

5. Ajuda-me, ó senhor guerreiro de Tebas, em meu desvelamento diante dos filhos dos homens!

6. Sê tu, Hadit, meu centro secreto, meu coração & minha língua!

7. Contemplai! Isso é revelado por Aiwass, o ministro de Hoor-pa--ar-kraat.

8. O Khabs está no Khu, não o Khu no Khabs.

9. Venerai então o Khabs e contemplai minha luz irradiada sobre vós!

10. Que meus servidores sejam poucos & secretos: eles governarão os muitos & os conhecidos.

11. Estes são os loucos que os homens adoram; tanto seus homens quanto seus deuses são loucos.

12. Vinde, ó crianças, sob as estrelas, & saciai-vos de amor!

13. Eu estou acima de vós e em vós. Meu êxtase está no vosso. Meu júbilo é ver vosso júbilo.

14. Acima, o precioso azul-celeste é

        O esplendor nu de Nuit;
   Em êxtase, ela inclina-se para beijar

>Os secretos ardores de Hadit.
>O globo alado, o azul estrelado,
>São meus, ó Ankh-af-na-khonsu!

15. Agora sabereis que o eleito sacerdote & apóstolo do espaço infinito é o sacerdote-príncipe, a Besta; e em sua mulher, chamada Mulher Escarlate, está todo poder concedido. Eles reunirão minhas crianças em seu aprisco: eles trarão a glória das estrelas para dentro dos corações dos homens.

16. Pois ele é sempre um sol e ela uma lua. Porém, para ele é a chama alada e secreta, e para ela a luz estelar arqueada.

17. Mas vós não sois assim eleitos.

18. Queima sobre suas frontes, ó, esplendorosa serpente.

19. Ó, mulher de pálpebras azul-celeste, curva-te sobre eles!

20. A chave dos rituais está na palavra secreta que eu dei a ele.

21. Com o Deus & o Adorador eu nada sou: eles não me veem. Eles são como sobre a terra; eu sou o Céu e não existe outro Deus além de mim e meu senhor Hadit.

22. Agora, portanto, sou conhecida por vós pelo meu nome Nuit, e por ele por um nome secreto que eu lhe darei quando ele finalmente me conhecer. Desde que sou o Espaço Infinito e igualmente suas Estrelas Infinitas, fazei-o vós também. Nada amarreis! Que entre vós não haja nenhuma diferença entre uma coisa & qualquer outra coisa, pois daí vem dor.

23. Mas quem quer que se valha disto, que seja o chefe de tudo!

24. Eu sou Nuit e minha palavra é seis e cinquenta.

25. Dividi, somai, multiplicai e compreendei.

26. Então disse o profeta e escravo daquela que é bela: Quem sou eu e qual será o sinal? E assim ela lhe respondeu, curvando-se, uma suave chama azul, tudo tocando, tudo penetrando, suas mãos graciosas sobre a terra negra & seu corpo ágil inclinado para o amor, seus pés suaves sem ferir as pequenas flores: tu sabes! E o sinal será meu êxtase, a consciência da continuidade da existência, a onipresença do meu corpo.

27. Então o sacerdote respondeu e disse para a Rainha do Espaço, beijando sua graciosa fronte, e o orvalho de sua luz banhando seu corpo inteiro em um doce perfume de suor: ó, Nuit, única contínua do Céu, que seja sempre assim; que os homens não falem de Ti como Uma, mas como Nenhuma; e que eles não falem de ti de modo algum, pois tu és contínua!

28. Nenhuma, respirou a luz, tênue e encantada, das estrelas, e dois.

29. Pois estou dividida em nome do amor, pela chance de união.

30. Esta é a criação do mundo, que a dor da divisão é como nada e o júbilo da dissolução toda.

31. Não vos importeis com esses loucos dos homens e seus infortúnios! Eles sentem pouco; o que é, é balanceado por fracas alegrias; mas vós sois os meus eleitos.

32. Obedecei ao meu profeta! Cumpri o ordálio do meu conhecimento! Segui apenas a mim! Buscai somente a mim! Então os júbilos do meu amor vos redimirão de toda dor. Assim é: juro pela abóbada do meu corpo; por meus sagrados coração e língua; por tudo que posso oferecer, por tudo que eu desejo de todos vós.

33. Então o sacerdote caiu em um profundo transe ou desmaio & disse para a Rainha do Céu: escreve para nós os ordálios; escreve para nós os rituais; escreve para nós a lei!

34. Mas ela disse: os ordálios eu não escrevo: os rituais serão metade conhecidos e metade ocultos: a Lei é para todos.

35. Isto que tu escreves é o triplo livro da Lei.

36. Meu escriba Ankh-af-na-khonsu, o sacerdote dos príncipes, não mudará este livro em uma só letra; mas, para que não haja tolice, ele comentará a partir da sabedoria de Ra-Hoor-Khu-it.

37. Também os mantras e encantamentos; o obeah e o wanga; o trabalho da baqueta e o trabalho da espada; estes ele aprenderá e ensinará.

38. Ele deve ensinar; mas pode fazer severos os ordálios.

39. A palavra da Lei é θέλημα.

40. Quem nos chama Thelemitas não cometerá erro, se olhar bem de perto a palavra. Pois existem nela Três Graus, o Eremita, o Amante e o homem da Terra. Faz o que tu queres deverá ser o todo da Lei.[24]

41. A palavra de Pecado é Restrição. Ó, homem! Não recuses tua esposa, se ela quer! Ó, amante, se queres, parte! Não há laço que possa unir os divididos senão o amor: tudo mais é uma maldição. Maldito! Maldito seja para os Æons! Inferno.

---

24. *Do what thou wilt shall be the whole of the Law*. Traduzi a sentença no imperativo, preservando a força de lei e o tom de mandamento. Nesse modo, a conjugação correta do verbo "fazer" na segunda pessoa do singular (tu) é "faz". O *modal verb* "shall", usado para modificar o verbo "be", indica o que deve ser feito no futuro. "The whole" é "o todo", ou "toda a lei". Por isso, optei por "Faz o que tu queres deverá ser o todo da Lei", tradução que respeita a necessidade de empregar a mesma quantidade de palavras do texto-fonte (11). Não obstante, a máxima poderia ser traduzida de outras formas. A versão de Marcelo Ramos Motta, que foi adotada por Breslauer e citada por Raul Seixas na terceira estrofe da canção "Sociedade Alternativa" (no LP *Gita*) – "Faze o que tu queres há de ser tudo da Lei" – também é válida, pois *whole* pode ser livremente interpretado como "tudo". No entanto, observo que o verbo "fazer" perde o -e na segunda pessoa do singular do imperativo afirmativo. Agradecimentos são devidos a Andréia Delmaschio, pelas estimulantes conversas a respeito da tradução da Lei.

42. Deixa aquele estado de multiplicidade limitado e odiado. Assim seja com tudo que é teu; tu não tens direito, senão fazer a tua vontade.

43. Faz isto e nenhum outro dirá não.

44. Pois a vontade pura, desprovida de objetivo, livre da ânsia por resultado, é perfeita de toda forma.

45. O Perfeito e o Perfeito são um Perfeito e não dois; não, são nenhum!

46. Nada é uma chave secreta desta lei. *Sessenta e um os Judeus a chamam*; eu a chamo oito, oitenta, quatrocentos & dezoito.

47. Mas eles têm a metade: une por tua arte para que tudo desapareça.

48. Meu profeta é um louco com seu um, um, um; não são eles o Boi, e nenhum pelo Livro?

49. Ab-rogados estão todos os rituais, todos os ordálios, todas as palavras e sinais. Ra-Hoor-Khuit tomou seu assento no Oriente durante o Equinócio dos Deuses; que Asar esteja com Isa, que também são um. Mas eles não são de mim. Que Asar seja o adorador, Isa o sofredor; Hoor em seu secreto nome e esplendor é o Senhor iniciando.

50. Há uma palavra a ser dita sobre a tarefa Hierofântica. Contemplai! Existem três ordálios em um, que podem ser dados em três caminhos. O crasso deve passar através do fogo; que o fino seja testado pelo intelecto e os eminentes eleitos no altíssimo. Assim, vós tendes estrela & estrela, sistema & sistema; que nenhum conheça bem o outro!

51. Existem quatro portões para um palácio; o piso desse palácio é de prata e ouro; lápis-lazúli e jaspe encontram-se ali; e todas as raras fragrâncias; jasmim & rosa, e os emblemas da morte.

Que ele entre separadamente ou de uma única vez nos quatro portões; que ele fique de pé sobre o piso do palácio. Não irá ele afundar? Amn. Oh! Guerreiro, e se teu servidor afundar? Mas existem meios e meios. Portanto, sede bons: vesti-vos todos vós em refinadas indumentárias; comei ricas iguarias e bebei vinhos finos e espumantes! Igualmente, tomai vossa fartura e vontade de amor como quereis, quando, onde e com quem quiserdes! Mas sempre para mim.

52. Se isto não estiver correto; se confundis as marcas do espaço, dizendo: Elas são uma; ou dizendo, Elas são muitas; se o ritual não for sempre para mim: então esperareis os terríveis julgamentos de Ra-Hoor-Khuit!

53. Isto regenerará o mundo, pequeno mundo, minha irmã, meu coração & minha língua, para quem eu envio este beijo. Além disso, ó, escriba e profeta, embora sejas dos príncipes, isto não te aliviará nem te absolverá. Mas que o êxtase e o júbilo da terra sejam teus: sempre para Mim! Para mim!

54. Não muda nem mesmo o estilo de uma letra; pois contempla! Tu, ó profeta, não verás todos estes mistérios aí ocultos.

55. O filho das tuas entranhas, *ele* as contemplará.

56. Não o esperes do Oriente nem do Ocidente; pois esta criança não vem de nenhuma casa esperada. Aum! Todas as palavras são sagradas e todos os profetas verdadeiros; salvo apenas que eles compreendem um pouco; resolvem a primeira metade da equação, deixam a segunda irresolvida. Mas tu tens tudo na clara luz, e algum, embora não tudo, na escuridão.

57. Invoca-me sob minhas estrelas! Amor é a lei, amor sob vontade. Não deixes que os loucos confundam o amor; pois existem amor e amor. Existe a pomba e existe a serpente. Escolhe bem! Ele, meu profeta, escolheu, conhecendo a lei da fortaleza e o grande mistério da Casa de Deus.

Todas essas velhas letras de meu livro estão corretas; mas 𐤔 não é a Estrela. Isto também é segredo: meu profeta o revelará aos sábios.

58. Eu concedo júbilos inimagináveis sobre a terra; certeza, não fé, enquanto em vida, sobre a morte; paz inefável, descanso, êxtase; nem peço coisa alguma em sacrifício.

59. Meu incenso é de madeiras & gomas resinosas; e não há sangue nele: por causa do meu cabelo as árvores da Eternidade.

60. Meu número é 11, como todos os números que são de nós. A Estrela de Cinco Pontas com um Círculo no Meio, & o círculo é Vermelho. Minha cor é preta para o cego, mas azul & ouro são vistos pelo que vê. Eu também tenho uma glória secreta para aqueles que me amam.

61. Mas amar-me é melhor que todas as coisas: se, sob as estrelas da noite no deserto tu presentemente queimas meu incenso perante mim, invocando-me com um coração puro, e a chama da Serpente nele, tu deitarás um pouco em meu seio. Então, por um beijo tu estarás querendo dar tudo, mas aquele que der uma partícula de pó deverá perder tudo nesta hora. Vós devei reunir bens e provisões de mulheres e especiarias; vós devei usar ricas joias; vós devei exceder as nações da terra em esplendor & orgulho; mas sempre no amor de mim, e então devei vir para o meu júbilo. Eu vos encarrego seriamente a vir ante mim num simples robe e com um rico adorno na cabeça. Eu vos amo! Eu anseio por vós! Pálido ou púrpura, velado ou voluptuoso, eu que sou todo prazer e púrpura, e embriaguez do sentido mais profundo, vos desejo. Colocai as asas e despertai o esplendor enrodilhado dentro de vós: vinde até mim!

62. Em todos os meus encontros convosco a sacerdotisa dirá – e os olhos dela arderão de desejo enquanto ela permanece nua e regozijante em meu templo secreto – para mim! Para mim! Invocando a chama dos corações de todos em seu cântico de amor.

63. Cantai a arrebatadora canção de amor para mim! Queimai perfumes para mim! Usai joias para mim! Bebei para mim, pois eu vos amo! Eu vos amo!

64. Eu sou a filha de pálpebras azuis do Pôr do sol; eu sou o brilho nu do voluptuoso céu noturno.

65. Para mim! Para mim!

66. A manifestação de Nuit está em um fim.

II

1. Nu! O ocultamento de Hadit.

2. Vinde! Todos vós, e aprendei o segredo que ainda não foi revelado. Eu, Hadit, sou o complemento de Nu, minha noiva. Eu não sou estendido e Khabs é o nome de minha Casa.

3. Na esfera eu sou em todo lugar o centro, enquanto ela, a circunferência, não é encontrada em lugar nenhum.

4. No entanto, ela deverá ser conhecida & eu nunca.

5. Contemplai! Os rituais do velho tempo são negros. Que os maus sejam rejeitados; deixai que os bons sejam purgados pelo profeta! Assim este Conhecimento seguirá corretamente.

6. Eu sou a chama que arde no coração de todo homem e no centro de cada estrela. Eu sou a Vida e o doador da Vida, ainda que o conhecimento de mim seja o conhecimento da morte.

7. Eu sou o Magista e o Exorcista. Eu sou o eixo da roda e o cubo no círculo. "Vinde a mim" é uma frase tola: pois sou eu quem vai.

8. Quem venerou Heru-pa-kraat prestou culto a mim; iníquo, pois eu sou o venerador.

9. Lembrai-vos que a existência é puro júbilo; que todas as tristezas são como sombras; elas passam & se vão; mas existe aquilo que permanece.

10. Ó, profeta! Tu tens má vontade de aprender estes escritos.

11. Eu vejo que tu odeias a mão & a pena; mas eu sou mais forte.

12. Por causa de mim em Ti, que tu não conhecias.

13. Por quê? Porque tu eras o conhecedor, e eu.

14. Que agora haja um velar deste sacrário: que a luz devore os homens e os engula com cegueira!

15. Pois eu sou perfeito, não sendo; para os loucos, meu número é nove; mas com os justos eu sou oito, e um em oito: o que é vital, pois de fato eu sou nenhum. A Imperatriz e o Rei não estão em mim; pois existe um segredo além.

16. Eu sou a Imperatriz & o Hierofante. Portanto, onze, como minha noiva é onze.

17. Escutai-me, vós que suspirais!

    As tristezas de dor e pesar
    São deixadas aos mortos e moribundos
    O povo que não me conhece até agora.

18. Estes estão mortos, estes camaradas; eles não sentem. Nós não somos para o pobre e o doente: os senhores da terra são nossos familiares.

19. Viverá um Deus em um cão? Não! Mas os mais elevados são de nós. Eles se regozijarão, nossos eleitos se regozijarão: os sofredores não estão em nós.

20. Beleza e força, riso solto e delicioso langor, força e fogo estão em nós.

21. Nós nada temos com o excluído e o incapaz: deixai-os morrer em sua miséria. Pois eles não sentem. Compaixão é o vício dos reis: pisai nos desgraçados & fracos: esta é a lei do forte: esta é a nossa lei e a alegria do mundo. Não penses, ó rei, nessa mentira: Que Tu Deves Morrer: em verdade, não morrerás, mas viverás. Que agora isso seja compreendido: se o corpo do Rei se dissolve, ele permanecerá em puro êxtase para sempre. Nuit! Hadit! Ra-Hoor-Khuit! O Sol, Força & Visão, Luz; estes são para os servidores da Estrela & da Serpente.

22. Eu sou a Serpente que traz Conhecimento & Deleite e brilhante glória, e agito os corações dos homens com embriaguez. Para venerar-me, tomai vinho e drogas estranhas, sobre as quais eu falarei ao meu profeta, & embriagai-vos! Eles não vos farão mal de modo algum. Isto é uma mentira, esta tolice contra si mesmo. A exposição da inocência é uma mentira. Sê forte, ó, homem! Deseja e desfruta de todas as coisas de sentido e arrebatamento: não temas que algum Deus te negará por isto.

23. Eu estou só: não existe Deus onde Eu sou.

24. Contemplai! Estes são graves mistérios; pois também existem meus amigos que são eremitas. Todavia, não penseis encontrá-los na floresta ou sobre a montanha; mas em camas de púrpura, acariciados por magníficas bestas de mulheres com grandes membros, fogo e luz em seus olhos e mechas de cabelos flamejantes em volta deles; lá vós os encontrareis. Vós os vereis no comando, em exércitos vitoriosos, com todo o júbilo; que haja neles um júbilo um milhão de vezes maior do que este. Cuidai para que um não force o outro, Rei contra Rei! Amai-vos uns aos outros com corações ardentes; Pisoteai os homens inferiores com a acirrada volúpia de vosso orgulho, no dia de vossa ira.

25. Vós sois contra o povo, ó, meus eleitos!

26. Eu sou a secreta Serpente constritora prestes a saltar: há júbilo em minha constrição. Se eu levanto minha cabeça, minha Nuit e eu somos uma. Se eu abaixo minha cabeça e destilo veneno, então é o arrebatamento da terra, e a terra e eu somos um.

27. Existe grande perigo em mim; pois quem não compreende estas runas cometerá um grande engano. Ele cairá no fosso denominado Porque[25] e lá perecerá com os cães da Razão.

28. Agora uma maldição sobre Porque e seus familiares!

29. Possa Porque ser amaldiçoado para sempre!

30. Se a Vontade para e grita Por Que, invocando Porque, então a Vontade para & nada faz.

31. Se o Poder pergunta o porquê, então o Poder é fraqueza.

32. Também a razão é uma mentira; pois existe um fator infinito e desconhecido; & todas as suas palavras são oblíquas.

33. Basta de Porque! Seja ele danado para um cão!

34. Mas vós, ó, meu povo, erguei-vos e despertai!

35. Que os rituais sejam corretamente conduzidos com júbilo & beleza!

36. Existem rituais dos elementos e festejos das estações.

37. Um banquete para a primeira noite do Profeta e sua Noiva!

38. Um banquete para os três dias de escrita do Livro da Lei.

39. Um banquete para Tahuti e a criança do Profeta-secreto, ó, Profeta!

---

25. *Because* seria personificação da razão instrumental contestada por este livro.

40. Um banquete para o Ritual Supremo e um banquete para o Equinócio dos Deuses.

41. Um banquete para o fogo e um banquete para a água; um banquete para a vida e um banquete ainda maior para a morte!

42. Um banquete para cada dia em vossos corações no júbilo do meu arrebatamento!

43. Toda noite um banquete para Nu, e o prazer do mais completo deleite!

44. Sim! Festejai! Regozijai-vos! Daqui por diante não há o que temer. Existem a dissolução e o êxtase eterno nos beijos de Nu.

45. Existe morte para os cães.

46. Fracassas? Lamentas? Há medo em teu coração?

47. Onde eu sou estes não estão.

48. Não tenhas piedade dos caídos! Eu nunca os conheci. Eu não sou para eles. Eu não consolo: eu odeio o consolado & o consolador.

49. Eu sou único & conquistador. Eu não sou dos escravos que perecem. Que eles sejam danados e mortos! Amém. (Isto é dos 4: existe um quinto que é invisível, & nele eu sou como o bebê em um ovo.)

50. Eu sou azul e ouro à luz da minha noiva: mas o lampejo vermelho está nos meus olhos; & minhas lantejoulas são púrpuras & verdes.

51. Púrpura além da púrpura: esta é a luz superior à visão.

52. Existe um véu: esse véu é preto. É o véu da mulher modesta; é o véu da tristeza & o manto da morte: nada disso está em mim. Demoli esse mentiroso espectro dos séculos: não veleis vossos

vícios em palavras virtuosas: esses vícios são meu serviço; vós fazeis bem & eu vos recompensarei aqui e daqui por diante.

53. Não temas, ó, profeta, quando estas palavras são ditas, tu não te arrependerás. Tu és enfaticamente o meu eleito; e benditos sejam os olhos que tu contemples com contentamento. Porém, eu te esconderei sob uma máscara de tristeza: aqueles que te virem temerão que tu estejas caído: mas eu te levantarei.

54. Nem devem aqueles que vociferam alto suas tolices segundo as quais tu nada significas: tu revelarás: tu vales: eles são os escravos de porque: eles não estão em mim. Os pontos como quiserdes; as letras? Não as altere em estilo ou valor!

55. Tu obterás a ordem & valor do Alfabeto Inglês; encontrarás novos símbolos para atribuir.

56. Ide embora, galhofeiros! Embora ainda rides em minha honra, não rireis por muito tempo: então, quando estiverdes tristes, sabei que eu vos abandonei.

57. Ele que é honrado permanecerá honrado; ele que é imundo permanecerá imundo.

58. Sim! Não considereis mudança: vós sois como sois & não outro. Portanto, os reis da terra serão Reis para sempre: os escravos servirão. Não há ninguém que deverá ser derrubado ou elevado: tudo é como sempre foi. Ainda assim, existem meus servidores mascarados: pode ser que aquele mendigo acolá seja um Rei. Um Rei pode escolher seu traje como quiser: não existe teste seguro: mas um mendigo não pode esconder sua pobreza.

59. Portanto, cuidado! Ama a todos, para que não haja porventura um Rei oculto! Dizes assim? Louco! Se ele é um Rei, não podes feri-lo.

60. Portanto, golpeia duro e baixo, e ao inferno com eles, mestre!

61. Existe uma luz diante dos teus olhos, ó, profeta, uma luz indesejada, a mais desejável.

62. Eu estou erguido em teu coração; e os beijos das estrelas chovem forte sobre teu corpo.

63. Tu estás exausto na voluptuosa plenitude da inspiração; a expiração é mais doce que a morte, mais rápida e risonha que uma carícia do próprio verme do Inferno.

64. Oh! Tu estás superado: nós estamos sobre ti: nosso deleite está todo sobre ti: salve! Salve: profeta de Nu! Profeta de Had! Profeta de Ra-Hoor-Khu! Agora regozija! Agora vem em nosso esplendor & arrebatamento! Vem em nossa paz fervorosa & escreve doces palavras para os Reis!

65. Eu sou o Mestre: tu és o Sacro Eleito.

66. Escreve e encontra êxtase na escrita! Trabalha & sê nossa cama trabalhando! Treme com o júbilo da vida & da morte! Ah! Que tua morte seja amável: quem vê contentar-se-á. Tua morte será o selo da promessa do nosso amor eterno. Vem! Ergue teu coração e regozija-te! Nós somos um; nós somos nenhum.

67. Resiste! Resiste! Suporta teu arrebatamento; não caias no desmaio dos beijos excelentes!

68. Força! Ergue-te! Levanta tua cabeça! Não respires tão fundo – morre!

69. Ah! Ah! O que eu sinto? A palavra está exausta?

70. Existem ajuda & esperança em outros encantamentos. A Sabedoria diz: sê forte! Assim podes suportar mais júbilo. Não sejas animal; refina teu arrebatamento! Se tu bebes, bebe pelas oito e noventa regras da arte: se amas, excede em delicadeza; se tens qualquer júbilo, que haja sutileza nisto!

71. Mas excede! Excede!

72. Esforça-te sempre por mais! E se tu és verdadeiramente meu – e não duvides disso, se tu és sempre jubiloso! – a morte é o coroamento de tudo.

73. Ah! Ah! Morte! Morte! Tu ansiarás pela morte. A morte está proibida, ó, homem, para ti.

74. A duração do teu anseio será a força de tua glória. Ele que vive longamente & deseja há muito a morte será sempre o Rei entre os Reis.

75. Ei! Escuta os números & as palavras:

76. 4 6 3 8 A B K 2 4 A L G M O R 3 Y X 24 89 R P S T O V A L. Que significa isto, ó, profeta? Tu não sabes; tampouco saberás algum dia. Vem um para te seguir: ele explicará. Todavia, lembra, ó, escolhido, de estar em mim; de seguir o amor de Nu no céu iluminado por estrelas; de olhar pelos homens, para dizer-lhes esta feliz palavra.

77. Sê orgulhoso e poderoso entre os homens!

78. Levanta-te! Pois não há ninguém como tu, entre homens ou entre Deuses! Levanta-te, ó, meu profeta, tua estatura ultrapassará as estrelas. Elas venerarão teu nome, quadrangular, místico, maravilhoso, o número do homem; e o nome de tua casa 418.

79. O fim do ocultamento de Hadit; e bênção & veneração ao profeta da amável Estrela!

III

1. Abrahadabra; a recompensa de Ra Hoor Khut.

2. Há divisão daqui para casa; há uma palavra não conhecida. A ortografia está extinta; tudo não é coisa alguma. Cuidai! Resisti! Elevai o encanto de Ra-Hoor-Khuit!

3. Que assim seja primeiramente compreendido que eu sou um deus de Guerra e Vingança. Eu lidarei duramente com eles.

4. Escolhei uma ilha!

5. Fortificai-a!

6. Fertilizai-a com engenharia de guerra!

7. Eu vos darei uma máquina de guerra.

8. Com ela golpearei os povos; e nenhum ficará de pé diante de vós.

9. Espreitai! Retirai-vos! Sobrepujai-os! Esta é a Lei da Batalha da Conquista: assim será minha veneração ao redor de minha casa secreta.

10. Toma a própria estela da revelação; coloca-a em teu templo secreto – e esse templo já está corretamente disposto – & ela será tua Quibla[26] para sempre. Ela não desbotará. Fecha-a em vidro trancado como uma prova para o mundo.

11. Esta será tua única prova. Eu proíbo argumento. Conquista! É o suficiente. Eu facilitarei a abstrusão[27] da casa mal ordenada na Cidade Vitoriosa. Tu mesmo deverás transmitir isto com veneração, ó, profeta, embora não gostes. Tu terás perigo & tribulação. Ra-Hoor-Khu

---

26. "Kiblah". Em árabe, significa "direção". No Islamismo, identifica a direção de Caaba em Meca, para onde devem ser dirigidas as orações.
27. "Abstruction", neologismo não registra do nos dicionários de língua inglesa consultados. Claudio Domingues Breslauer e Marcelo de Ramos Mota traduziram como "abstrução", outro neologismo. "Abstrusão", que significa ocultar, foi a tradução de Arnaldo Lucchesi Cardoso e Jonatas Lacerda.

está contigo. Venera-me com fogo & sangue; venera-me com espadas & lanças. Que a mulher seja cingida com uma espada diante de mim: que o sangue flua em meu nome. Pisoteia os gentios; sobrepuja-os, ó, guerreiro, eu te darei da carne deles para comer!

12. Sacrifica gado, pequeno e grande: depois uma criança.

13. Mas não agora.

14. Vós vereis essa hora, ó, abençoada Besta, e tu, a Concubina Escarlate do desejo dele.

15. Vós ficareis tristes por conta disso.

16. Não considereis tão ansiosamente em agarrar-vos às promessas; não temais sofrer as maldições. Vós, mesmo vós, não conheceis todo este sentido.

17. Não temais nada; não temais homens nem Destinos, nem deuses, nem coisa alguma. Não temais o dinheiro, nem a risada da tolice do povo, tampouco qualquer outro poder no céu, sobre a terra ou debaixo da terra. Nu é o vosso refúgio, assim como Hadit é vossa luz; e eu sou a potência, força e vigor de vossas armas.

18. Deixai a misericórdia de fora: amaldiçoai os piedosos! Matai e torturai; não poupeis; sobrepujai-os!

19. Essa estela eles chamarão de Abominação da Desolação; contai bem seu nome, & será para vós como 718.

20. Por quê? Por causa da queda do Porque, para que ele não esteja lá novamente.

21. Ergue minha imagem no Oriente: tu comprarás uma imagem que eu mostrarei, especial, não diferente daquela que já conheces. E será subitamente fácil para ti fazer isso.

22. Agrupa as outras imagens em volta de mim para me apoiar: que todas sejam veneradas, pois elas serão agrupadas para me

exaltar. Eu sou o objeto visível de veneração; os outros são secretos; para a Besta & sua Noiva são eles: e para os vencedores do Ordálio x. O que é isto? Tu saberás.

23. Para perfume mistura farinha & mel & espessa borra de vinho tinto: então óleo de Abramelin e óleo de oliva, e depois amacia e suaviza com rico sangue fresco.

24. O melhor sangue é o da lua, mensal: em seguida o sangue fresco de uma criança, ou pingando da hóstia do céu: depois de inimigos; depois do sacerdote dos veneradores: por último de algum animal, não importa qual.

25. Queimai isto: com isto fazei bolos & comei para mim. Isto também tem outro uso; que seja colocado diante de mim e bem conservado com perfumes de vossa devoção: isto deverá tornar-se cheio de escaravelhos, por assim dizer, e coisas rastejantes sagradas para mim.

26. A estes matai, nomeando vossos inimigos; & eles cairão diante de vós.

27. Também estes gerarão volúpia & poder de volúpia em vós ao serem comidos.

28. Também sereis fortes na guerra.

29. Ademais, é melhor que eles sejam longamente conservados; pois eles aumentam com a minha força. Tudo diante de mim.

30. Meu altar é de latão rendado: queimai sobre ele em prata ou ouro!

31. Vem um homem rico do Oeste que derramará seu ouro sobre ti.

32. Do ouro forja aço!

33. Esteja pronto para fugir ou golpear!

34. Mas teu lugar sacro permanecerá intocado através dos séculos: embora seja incendiado & despedaçado com fogo e espada, ainda assim uma casa invisível permanece lá, e permanecerá até a queda do Grande Equinócio; quando Hrumachis surgirá e o da dupla-baqueta assumirá meu trono e lugar. Outro profeta surgirá e trará febre nova dos céus; outra mulher despertará a volúpia & veneração da Serpente; outra alma de Deus e besta misturar-se-á no sacerdote globulado; outro sacrifício manchará a tumba; outro rei regerá; e a bênção já não será derramada ao místico Senhor Cabeça de Falcão!

35. A metade da palavra de Heru-ra-há, chamado Hoor-pa-kraat e Ra-Hoor-Khut.

36. Então disse o profeta ao Deus:

37. Eu te adoro na canção –

    Eu sou o Senhor de Tebas, e eu
    O inspirado orador de Mentu;
    Para mim desvela o véu do céu,
    O autossacrificado Ankh-af-na-khonsu
    Cujas palavras são verdade. Eu invoco, eu saúdo
    Tua presença, ó Ra-Hoor-Khuit!

    Unidade máxima revelada!
    Eu adoro o poder do Teu alento,
    Supremo e terrível Deus,
    Que fazes os deuses e a morte
    Tremerem diante de Ti: –
    Eu, eu te adoro!

    Aparece no trono de Ra!
    Abre os caminhos do Khu!
    Ilumina os caminhos do Ka!
    Recapitula os caminhos do Khabs
    Para mover-me ou parar-me!
    Aum! Que ele me preencha!

38. De modo que tua luz está em mim; & sua chama vermelha é como uma espada em minha mão para impor tua ordem. Existe uma porta secreta que eu farei para estabelecer o seu caminho em todos os quadrantes (estas são as adorações, como tu escreveste), como é dito:

> A luz é minha; seus raios consomem
> A mim: eu fiz uma porta secreta
> Para a Casa de Rá e Tum,
> De Ahathoor e Kephra.
> Eu sou teu Tebano, ó Mentu,
> O profeta Ankh-af-na-khonsu!
>
> Por Bes-na-Maut eu bato em meu peito;
> Pelo sábio Ta-Nech eu lanço meu encantamento.
> Mostra teu esplendor estelar, ó Nuit!
> Aguarda-me para morar em tua Casa,
> Ó alada serpente de luz, Hadit!
> Suporta-me, Ra-Hoor-Khuit!

39. Tudo isto e um livro para dizer como tu chegaste aqui e uma reprodução desta tinta e deste papel para sempre – pois nisto está a palavra secreta & não somente em Inglês – e teu comento a respeito deste Livro da Lei deverá ser lindamente impresso em tinta vermelha e preta sobre belo papel feito à mão; e, para cada homem e mulher que encontras, seja para jantar ou beber, a Lei deve ser dada. Então eles terão a chance de suportar esta felicidade, ou não; isto não importa. Faz isto depressa!

40. Mas e o trabalho do comentário? Isso é fácil; e Hadit ardendo em teu coração fará tua pena ágil e segura.

41. Estabelece um escritório em tua Caaba: tudo deve ser bem feito e com estratégia de negócios.

42. Os ordálios tu mesmo supervisionarás, poupando apenas os cegos. Não recuses ninguém, mas conhecerás e destruirás os traidores. Eu sou Ra-Hoor-Khuit; e eu sou poderoso para proteger meu servidor. Sucesso é tua prova: não argumentes; não

convertas; não fales demais! Aqueles que procuram emboscar-te, derrubar-te, ataca-os sem piedade ou clemência; & destrói-os completamente. Ágil como uma serpente pisoteada, vira-te e golpeia! Sê ainda mais mortal que eles! Arrasta suas almas para terríveis tormentos: ri do medo deles: cospe sobre eles!

43. Que a Mulher Escarlate tome cuidado! Se piedade e compaixão e ternura visitarem o coração dela; se ela deixar meu trabalho para brincar com velhas doçuras; então minha vingança será conhecida. Eu imolarei para mim a criança dela: eu alhearei o coração dela: vou expulsá-la dos homens: como uma encolhida e desprezada meretriz ela rastejará por ruas penumbrosas e úmidas, e morrerá faminta e com frio.

44. Mas que ela se erga em orgulho! Que ela me siga em meu caminho! Que ela obre a obra de maldade! Que ela mate o coração dela! Que ela seja ruidosa e adúltera! Que ela seja coberta de joias, e rico vestuário, e que seja impudica diante de todos os homens!

45. Assim eu a elevarei aos pináculos do poder: então, eu gerarei a partir dela uma criança mais poderosa que todos os reis da terra. Eu a encherei de júbilo: com a minha força ela verá & atacará a veneração de Nu: ela alcançará Hadit.

46. Eu sou o guerreiro Senhor dos Quarenta: os Oitenta acovardam-se diante de mim, & são insultados. Eu vos trarei vitória & júbilo: estarei em vossas armas na batalha & vos deleitarei em matar. Sucesso é vossa prova; coragem é vossa armadura; avante, avante em minha força; & não retrocedereis por nada!

47. Este livro será traduzido em todas as línguas: mas sempre com o original do manuscrito da Besta; pela forma casual das letras e sua posição uma para com a outra: nestas há mistérios que nenhuma Besta adivinhará. Que ele não procure tentar: mas um vem após ele, de onde eu não digo, que descobrirá a Chave de tudo! Assim, esta linha traçada é uma chave: então este círculo esquadrado em seu fracasso também é uma chave. E

Abrahadabra. Isso será sua criança & tão estranhamente. Que ele não procure por isso; pois desse modo ele pode cair sozinho.

48. Agora este mistério das letras está acabado e eu quero seguir para o lugar mais sagrado.

49. Eu estou em uma secreta palavra quádrupla, a blasfêmia contra todos os deuses dos homens.

50. Amaldiçoai-vos! Amaldiçoai-vos! Amaldiçoai-vos!

51. Com minha cabeça de Falcão eu bico os olhos de Jesus enquanto ele está pregado na cruz.

52. Eu ruflo minhas asas na face de Maomé & cego-o.

53. Com minhas garras eu arranco as carnes do indiano e do budista, do mongol e do din.

54. Bahlasti! Ompehda! Eu cuspo sobre vossos credos inoportunos.

55. Que Maria inviolada seja estraçalhada sob rodas: que por causa dela todas as mulheres castas sejam absolutamente desprezadas dentre vós!

56. Também por causa da beleza e do amor!

57. Desprezai também todos os covardes; soldados profissionais que não ousam lutar, mas brincam; desprezai a todos os loucos!

58. Mas o afiado e o orgulhoso, o régio e o eminente; vós sois irmãos!

59. Lutai como irmãos!

60. Não há lei além de "Faz o que tu queres".

61. Há um fim da palavra do Deus entronado no assento de Rá, aliviando as vigas da alma.

62. Reverenciai-me! Vinde a mim por meio da tribulação do ordálio, que é deleite.

63. O louco lê este Livro da Lei e seu comentário; & ele não o compreende.

64. Que ele venha por meio do primeiro ordálio, & será para ele como prata.

65. Por meio do segundo, ouro.

66. Por meio do terceiro, pedras de água preciosa.

67. Por meio do quarto, última centelha do fogo íntimo.

68. No entanto, a todos isso parecerá belo. Seus inimigos que não dizem assim são meros mentirosos.

69. Existe sucesso.

70. Eu sou o Senhor Cabeça de Falcão do Silêncio & da Força; minha nemes cobre o céu azul-noturno.

71. Salve! Gêmeos guerreiros ao redor dos pilares do mundo! Pois vosso tempo está próximo.

72. Eu sou o Senhor da Dupla Baqueta de Poder; a baqueta da força de Coph Nia – mas minha mão esquerda está vazia, pois eu esmaguei um Universo; & nada resta.

73. Afixai as lâminas da direita para a esquerda e de cima para baixo: então contemplai!

74. Existe um esplendor em meu nome oculto e glorioso, como o sol da meia-noite é sempre o filho.

75. O fim das palavras é a Palavra Abrahadabra.

O Livro da Lei está Escrito e Oculto.

Aum. Ha.
Publicação em Classe A A∴ A∴

O LIVRO DA LEI

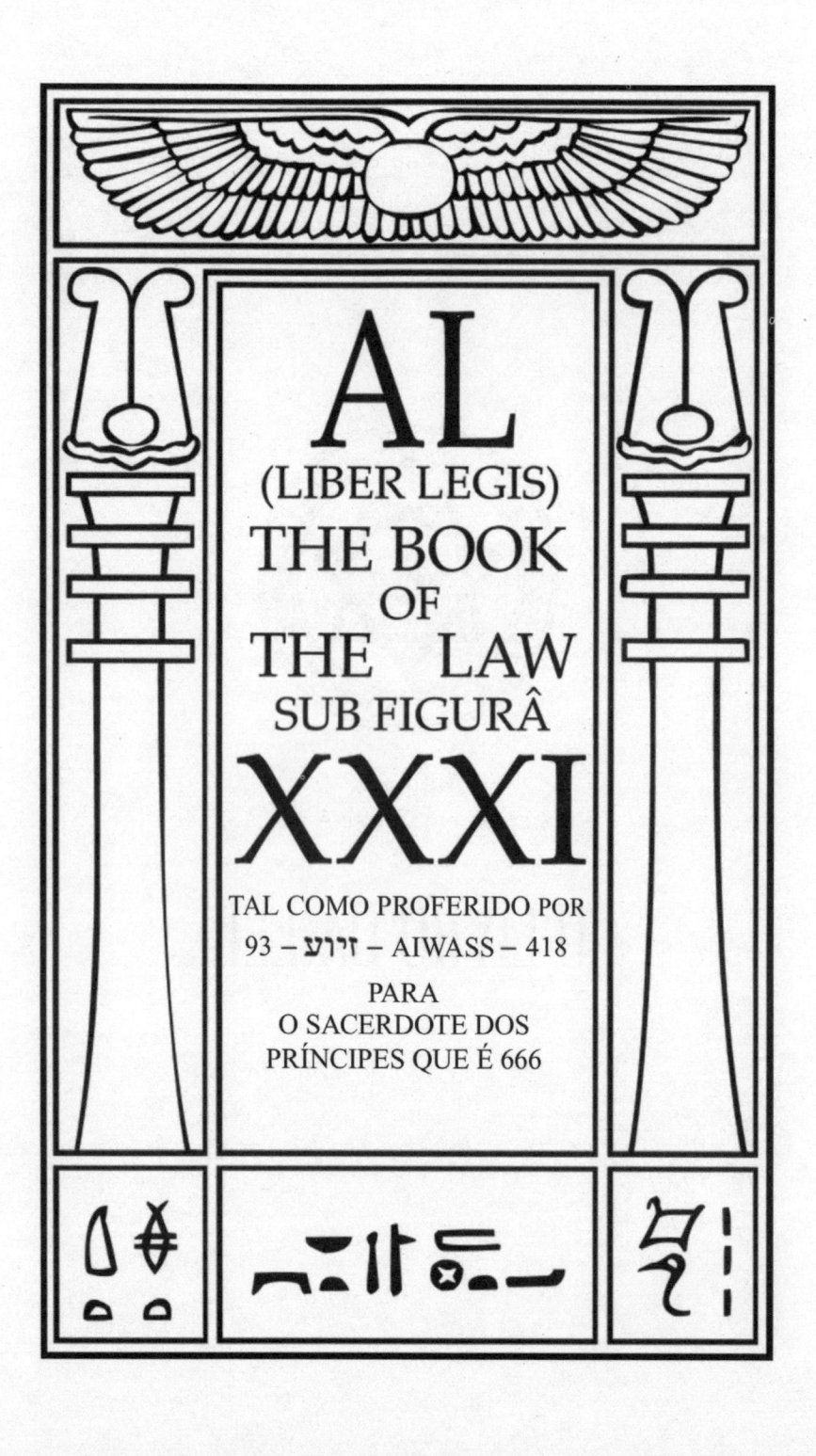

AL
(LIBER LEGIS)
THE BOOK
OF
THE LAW
SUB FIGURÂ
XXXI

TAL COMO PROFERIDO POR
93 – זירע – AIWASS – 418

PARA
O SACERDOTE DOS
PRÍNCIPES QUE É 666

1

Had! The manifestation of Nuit

The unveiling of the company of heaven.

Every man and every woman is a star.

Every number is infinite; there is no difference.

Help me, o warrior lord of Thebes, in my unveiling before the Children of men.

Be thou Hadit, my secret centre, my heart & my tongue.

Behold! it is revealed by Aiwass the minister of Hoor-paar-kraat.

The Khabs is in the Khu, not the Khu in the Khabs.

Worship then the Khabs, and behold my light shed over you.

2

Let my servants be few & secret: they shall rule the many & the known.

These are fools that men adore; both their Gods & their men are fools.

Come forth, o children, under the stars & take your fill of love. I am above you and in you. My ecstasy is in yours. My joy is to see your joy.

1.1. of Spell called the Song.

Now ye shall know that the chosen priest & apostle of infinite space is the prince-priest the Beast; and in

3

his woman called The Scarlet Woman, is all power given. They shall gather my children into their fold: they shall bring the glory of the stars into the hearts of men.
For he is ever a sun, and she a moon. But to him is the winged secret flame and to her the stooping starlight.
But ye are not so chosen.
Burn upon their brows, o splendrous serpent,
O azure-lidded woman, bend upon them!
The key of the rituals is in the secret word which I have given unto him

4

With the God & the Adorer I am nothing: they do not see me. They are as upon the earth; I am Heaven, and there is no other God than me, and my lord Hadit.

Now therefore I am known to ye by my name Nuit, and to him by a secret name which I will give him when at last he knoweth me.

Since I am Infinite Space and the Infinite Stars thereof, do ye also thus. Bind nothing! Let there be no difference made among ye between any one thing & any

5

other thing; for thereby there cometh hurt.
But whoso availeth in this let him be
the chief of all!

I am Nuit and my word is six and fifty.
Divide, add, multiply and understand.
Then saith the prophet and slave of the
beauteous one. Who am I; and what shall
be the sign. So she answered him, bending
down, a lambent flame of blue, all-touching,
all penetrant, her lovely hands upon the
black earth, & her lithe body arched for love
and her soft feet not hurting the

6

"the flowers Thou knowest! And the stars
shall be my ecstasy, the consciousness of
the continuity of existence, the ~~non-~~
omnipresence of my body. the ~~
~~has atomic fact of my mortality~~

~~(visible this unlimited voids)~~ | One later as
                                      | above.

~~But go further on~~

Then the priest murmured & said unto
the Queen of Space, kissing her lovely brows
and the dew of her light bathing his whole
body in a sweet-smelling perfume of sweat
O Nuit, continuous one of Heaven, let it

7

be ever thus. That men speak not of
Nuit as One but as None; and let
them speak not of thee at all since
thou art continuous.
None, breathed the light, faint & faery, of
the stars, and two. For I am divided
for love's sake, for the chance of union.
This is the creation of the world, that
the pain of division is as nothing and
the joy of dissolution all.
For these fools of men and their

8

woes are not Then at all! They feel little; what is, is balanced by weak joys: but ye are my chosen ones.

Obey my prophet! follow out the ordeals of my knowledge! seek me only! Then the joys of my love will redeem ye from all pain. This is so: I swear it by the vault of my body; by my sacred heart and tongue; by all I can give, by all I desire of ye all.

Then the priest fell into a deep trance or

9

sworn ... unto The Queen of Heaven.
Write unto us the ordeals, write unto
us the rituals, write unto us the law.
But she said: the ordeals I write not,
the rituals shall be half known and
half concealed: the Law is for all.
This that thou writest is the threefold
book of Law.
My scribe Ankh-af-na-khonsu, the
priest of the princes, shall not in one
letter change this book; but lest there
be folly, he shall comment thereupon
by the wisdom of Ra-Hoor-Khu-it.

10

Also the mantras and spells; the obeah and the wanga; the work of the wand and the work of the sword: these he shall learn and teach.
He must teach; but he may make severe the ordeals.
The word of the Law is Θελημα.
Who calls us Thelemites will do no wrong, if he look but close into the word. For there are therein Three Grades, the Hermit, and the Lover, and the man of Earth. Do what thou wilt

11

shall be the whole of the Law.
The word of Sin is Restriction. O man!
refuse not thy wife if she will. O
lover, if thou wilt, depart. There is
no bond that can unite the divided but
love: all else is a curse. Accursed!
Accursed! be it to the aeons. Hell.
Let it be that state of manyhood
bound and loathing. So with thy all
thou hast no right but to do thy will
Do that and no other shall say nay.
For pure will, unassuaged of purpose,

12

delivered from the lust of result, is every way perfect.

The Perfect and the Perfect are one Perfect and not two; nay, are none!

Nothing is a secret key of this law. Sixty-one the Jews call it; I call it eight, eighty, four hundred & eighteen.

But they have the half: unite by thine art so that all disappear.

My prophet is a fool with his one one one; are not they the Ox, and none by the Book.

13

abrogate and all rituals, all ordeals all words and signs. Ra-Hoor-Khuit hath taken his seat in the East at the Equinox of the Gods; and let Asar be with Isa who also are one. But they are not of me. Let Hoor be the adorant, Isa the sufferer; Hoor in his secret name and splendour is the Lord initiating. There is a word to say about the Hierophantic task. Behold! there are three ordeals in one, and it may be given in three ways. The gross must pass through fire; let the

14

fine be tried in intellect, and the
lofty ones in the highest. Thus
ye have star & star, system & system;
let not one know well the other.

There are four gates to one palace;
the floor of that palace is of silver and
gold; lapis lazuli & jasper are there; and
all rare scents; jasmine & rose, and the
emblems of death. Let him enter in turn
or at once the four gates; let him stand
on the floor of the palace. Will he
not sink? Amn. Ho! warrior, if thy
servant sink? But there are means

15

and means. Be goodly therefore: dress ye
all in fine apparel eat rich foods and
drink sweet wines and wines that foam.
~~but~~ Also, take your fill and will of
love as ye will, when, where and with
whom ye will. But always unto me.
If this be not aright; if ye confound
the space-marks, saying: They are one
or saying They are many; if the ritual
be not ever unto me: then expect
the dreadful judgments of Ra Hoor Khuit.
This shall regenerate the world, the little

world, my sister, my heart & my tongue, unto whom I send this kiss. Also, o scribe and prophet, though thou be of the princes it shall not assuage thee nor absolve thee. But ecstasy be thine and joy of earth: ever To me! To me!
Change not as much as the style of a letter; for behold! thou, o prophet shalt not behold all these mysteries hidden therein.
The child of thy bowels, he shall behold them.
Expect him not from the East nor from

17

the Beast; for thou art no appointed house cometh but child. Amn! All words are sacred and all prophets true ; save only that they understand a little ; solve the first half of the equation, leave the second unattacked. But thou hast all in the clear light, and some, though not all, in the dark.

I woke me under my stars. Love is the law, love under will. Nor let the fools mistake love ; for there are love and love. There is the dove and there is the serpent. Choose ye well! He, my prophet, hath

18

chosen, knowing the law of the fortress and the great mystery of the House of God. All these old letters of my Book are aright; but ♋ is not the Star. This also is secret: my prophet shall reveal it to the wise.

I give unimaginable joys on earth: certainty, not faith, while in life, upon death; peace unutterable, rest, ecstasy; nor do I demand aught in sacrifice.

My incense is of resinous woods & gums; and there is no blood therein: because of my hair the trees of Eternity.

19

My number is 11, as all their numbers who are of us. (lost) (taken) My colour is black & the red of my star is The five pointed Star, with a Circle in the Middle, & the circle is Red black, but the blue & gold are seen of the seeing. Also I have a secret glory for them that love me.

But to love me is better than all things: if under the night-stars in the desert thou presently burnest mine incense before me, invoking me with a pure heart, and the Serpent flame therein, thou shalt come a little to lie in my bosom. For one kiss wilt thou then be willing to give all:

20

but whoso gives one particle of dust
shall lose all in that hour. Ye shall
gather goods and store of women and
spices; ye shall wear rich jewels; ye
shall exceed the nations of the earth
Splendour & pride; but always in the
love of me, and so shall ye come to
my joy. I charge you earnestly to come
before me in a single robe and crowned
with a rich headdress. I love you! I yearn to
you. Pale or purple, veiled or voluptuous, I
who am all pleasure and purple

21

and drunkenness. She must stand
desire you. Put on the wings and arouse
the coiled splendour within you: come unto me
At all my meetings with you shall the
priestess say — and her eyes shall burn
with desire as she stands bare and rejoicing
in my secret temple — To me! To me!
calling forth the flame of the hearts of all in her
love-chant.
Sing the rapturous love-song unto me!
Burn to me perfumes! Wear to me jewels!
Drink to me, for I love you! I love you!

22.

I am the blue-lidded daughter of Sunset; I am
the naked brilliance of the voluptuous night-
sky.

To me! To me!

The Manifestation of Nuit is at an
end.

1

1. Nu! the hiding of Hadit.
2. Come! all ye, and learn the secret that hath not yet been revealed. I, Hadit, am the complement of Nu, my bride. I am not extended, and Khabs is the name of my House.
3. In the sphere I am everywhere the centre, as she, the circumference, is nowhere found.
4. Yet she shall be known & I never.
5. Behold! the rituals of the old time are black. Let the evil ones be cast away; let the good ones be purged by the prophet! Then shall this Knowledge go aright.
6. I am the flame that burns in every heart of man, and in the core of every star. I am

2

Life, and the giver of life; yet therefore is
the knowledge of me the knowledge of death.

7. I am the Magician and the Exorcist. I am the
axle of the wheel, and the cube in the circle.
"Come unto me" is a foolish word: for it is I that
go.

8. Who worshipped Heru-pa-kraath have
worshipped me; ill, for I am the worshipper.

9. Remember all ye that existence is pure joy;
that all the sorrows are but as shadows; they
pass & are done; but there is that which
remains.

10. O prophet! thou hast ill will to learn this
writing.

11. I see thee hate the hand & the pen; but I am

Stèle a.   3

12. Because of me in Thee which thou knewest not

13. for why? Because thou wast the knower, and me.

14. Now let there be a veiling of this shrine: now let the light devour men and eat them up with blindness.

15. For I am perfect, being Not; and my number is nine by the fools; but with the just I am Eight, and one in Eight: Which is vital, for I am none indeed. The Empress and the King are not of me; for there is a further secret.

16. I am the Empress & the Hierophant. Thus eleven as my bride is eleven.

4

17 Hear me, ye people of sighing!
    The sorrows of pain and regret
    Are left to the dead and the dying,
    The folk that not know me as yet.

18 These are dead, these fellows; they feel not. We are not for the poor and sad: the lords of the earth are our kinsfolk.

19 Is a God to live in a dog? No! but the highest are of us. They shall rejoice, our chosen: who sorroweth is not of us.

20 Beauty and strength, leaping laughter and delicious languor, force and fire, are of us.

5

21 We have nothing with the outcast and the unfit: let them die in their misery. For they feel not. Compassion is the vice of kings: stamp down the wretched & the weak: this is the law of the strong: this is our law and the joy of the world. Think not, o king, upon that lie: That Thou Must Die: verily thou shalt not die, but live! Now let it be understood: If the body of the King dissolve, he shall remain in pure ecstasy for ever. Nuit Hadit Ra-Hoor-Khuit. The Sun, Strength & Sight, Light; these are for the servants of the Star & the Snake.

6

22. I am the Snake that giveth Knowledge & Delight and bright glory, and stir the hearts of men with drunkenness. To worship me take wine and strange drugs whereof I will tell my prophet, & be drunk thereof! They shall not harm ye at all. It is a lie, this folly against self. The exposure of innocence is a lie. Be strong, o man, lust, enjoy all things of sense and rapture: fear not that any God shall deny thee for this.

23. I am alone: there is no God where I am.

24. Behold! these be grave mysteries; for there are also of my friends who be hermits. Now

7.

think not to find them in the forest or on the mountain; but in beds of purple, caressed by magnificent beasts of women with large limbs, and fire and light in their eyes, and masses of flaming hair about them; there shall ye find them. Ye shall see them at rule, at victorious armies, at all the joy; and there shall be in them a joy a million times greater than this. Beware lest any force another, King against King! Love one another with burning hearts; on the low men trample in the fierce lust of your pride in the day of your wrath

25. Ye are against the people, O my chosen!

26. I am the secret Serpent coiled about to spring: in my coiling there is joy. If I lift up my head, I and my Nuit are one. If I droop down mine head, and shoot forth venom, then is rapture of the earth, and I and the earth are one.

27. There is great danger in me; for who doth not understand these runes shall make a great miss. He shall fall down into the pit called Because, and there he shall

9

perish with the dogs of Reason

28 Now a curse upon Because and his kin!
29 May Because be accursèd for ever!
30 If Will stops and cries Why, invoking
    Because, then Will stops & does nought.
31 If Power asks why, then is Power weakness.
32 Also reason is a lie; for there is a
    factor infinite & unknown; & all their
    words are skew-wise.
33 Enough of Because! Be he damned for a dog!
34. But ye, o my people, rise up & awake!
35. Let the rituals be rightly performed with
    joy & beauty!

10

36. There are rituals of the elements and feasts of the times.
37. A feast for the first night of the Prophet and his Bride!
38. A feast for the three days of the writing of the Book of the Law.
39. A feast for Tahuti and the child of the Prophet—secret, O Prophet!
40. A feast for the Supreme Ritual, and a feast for the Equinox of the Gods.
41. A feast for fire and a feast for water; a feast for life and a greater feast for death

4

42 A feast every day in your hearts in the joy of my rapture.

43 A feast every night unto Nu, and the pleasure of uttermost delight.

44 Aye! feast! rejoice! there is no dread hereafter. There is the dissolution, and eternal ecstasy in the kisses of Nu.

45 There is death for the dogs.

46 Dost thou fail? Art thou sorry? Is fear in thine heart?

47 Where I am these are not.

12

48 Pity not the fallen! I never knew them. I am not for them. I console not: I hate the consoled & the consoler.

49 I am unique & conqueror. I am not of the slaves that perish. Be they damned & dead! Amen. [This is of the 4: there is a fifth who is invisible & therein am I as a babe in an egg.]

50 Blue am I and gold in the light of my bride: but the red gleam is in my eyes & my spangles are purple & green.

51. Purple beyond purple: it is the light higher

/3

their eyesight.

52 There is a veil: that veil is black. It is
the veil of the modest woman; it is the veil
of sorrow, & the pall of death: this is none
of me. Tear down that lying spectre of
the centuries: veil not your vices in
virtuous words: these vices are my service;
ye do well, & I will reward you here and
hereafter.

53 Fear not, o prophet, when these words are
said, thou shalt not be sorry. Thou art
emphatically my chosen; and blessed are

14

the eyes that thou shalt look upon with gladness. But I will hide thee in a mask of sorrow: they that see thee shall fear thou art fallen: but I lift thee up.

54. Nor shall they who cry aloud their folly that thou meanest nought avail; thou shalt reveal it: thou availest: they are the slaves of because: They are not of me. The stops as thou wilt; the letters? change them not in style or value!

55. Thou shalt obtain the order & value of the English Alphabet; thou shalt find

15

new symbols to attribute them unto.

56. Begone! ye mockers; even though ye laugh in my honour ye shall laugh not long: then when ye are sad know that I have forsaken you.

57. He that is righteous shall be righteous still; he that is filthy shall be filthy still.

58 Yea! deem not of change: ye shall be as ye are, & not other. Therefore the kings of the earth shall be Kings for ever: the slaves shall serve. There is none that shall be cast down or lifted up: all is ever

16

as it was. Yet there are masked ones my servants: it may be that yonder beggar is a King. A King may choose his garment as he will: there is no certain test: but a beggar cannot hide his poverty.
59. Beware therefore! Love all, lest perchance is a King concealed! Say you so? Fool! If he be a King, thou canst not hurt him.
60. Therefore strike hard & low, and to hell with them, master!
61. There is a light before thine eyes o prophet, a light undesired, most desirable.

17

62 I am uplifted in thine heart and the kisses
of the stars rain hard upon thy body.

63 Thou art exhaust in the voluptuous fulness
of the inspiration; the expiration is sweeter
than death, more rapid and laughterful than
a caress of Hell's own worm.

64 Oh! thou art overcome: we are upon thee;
our delight is all over thee: hail! hail!
prophet of Nu! prophet of Had! prophet of
Ra-Hoor-Khu! Now rejoice! now come in
our splendour & rapture! Come in our passionate
peace, & write sweet words for the Kings!

18

65 I am the Master: thou art the Holy Chosen One.

66 Write, & find ecstasy in writing! Work, & be our bed in working! Thrill with the joy of life & death! Ah! thy death shall be lovely: whoso seeth it shall be glad. Thy death shall be the seal of the promise of our agelong love. Come! lift up thine heart & rejoice! We are one; we are none.

67 Hold! Hold! Bear up in thy rapture, fall not in swoon of the excellent kisses!

68 Harder! Hold up thyself! Lift thine head!

19

breathe not so deep — die!

69. Ah! Ah! What do I feel? Is the word Exhausted?

70. There is help & hope in other spells. Wisdom saith: be strong! Then canst thou bear more joy. Be not animal; refine thy rapture! If thou drink, drink by the eight and ninety rules of art: if thou love, exceed by delicacy; and if thou do aught joyous, let there be subtlety therein!

71. But exceed! exceed!

72. Strive ever to more! and if thou art truly

20

mine – and doubt it not; an if thou art
ever joyous! – death is the crown of all.
73 Ah! Ah! Death! Death! thou shalt long for
death. Death is forbidden, o man, unto thee.
74 The length of thy longing shall be the strength
of its glory. He that liveth long & desires
death much is ever the King among the Kings.
75 Aye! listen to the numbers & the words:
76 4638 A B K 2 4 A L G M O R 3 Y
   x 24/89 R P S T O V A L. What
meaneth this, o prophet? Thou knowest
not; nor shalt thou know ever. There
cometh one to follow thee: he shall

21

expound it. But remember, o Chosen
one, to be me; to follow the love of
Nu in the star-lit heaven; to look forth
upon men, to tell them this glad word.

17 O be thou proud and mighty among men!
18 Lift up thyself! for there is none like unto
thee among men or among Gods! Lift up
thyself, o my prophet, thy stature shall
surpass the stars. They shall worship thy
name, foursquare, mystic, wonderful, the
number of the man; and the name of

My house 418.

79 The end of the hiding of Hadit; and blessing & worship to the prophet of the lovely Star.

1

1 Ahashadera! The reward of Ra Hoor Khuit.

2 There is division hither homeward; there is a word not known. Spelling is defunct; all is not aught. Beware! Hold! Raise the spell of Ra-Hoor-Khuit.

3 Now let it be first understood that I am a god of War and of Vengeance. I shall deal hardly with them.

4 Choose ye an island!

5 Fortify it!

6 Dung it about with enginery of war!

7 I will give you a war-engine.

8 With it ye shall smite the people and

none shall stand before you.

9. Lurk! Withdraw! Upon them! This is the Law of the Battle of Conquest: Thus shall my worship be about my secret house.

10. Get the stélé of revealing itself; set it in thy secret temple — and that temple is already aright disposed — & it shall be your Kiblah for ever. It shall not fade, but miraculous colour shall come back to it day after day. Close it in locked glass for a proof to the world.

11. This shall be your only proof. I forbid argument. Conquer! That is enough. I will make easi

3

to you the abstraction from the ill-ordered house in the Victorious City. Thou shalt thyself convey it with worship, o prophet, though thou likest it not. Thou shalt have danger & trouble. Ra-Hoor-Khu is with thee. Worship me with fire & blood; worship me with swords & with spears. Let the woman be girt with a sword before me: let blood flow to my name. Trample down the Heathen; be upon them, o warrior, I will give you of their flesh to eat!
12. Sacrifice cattle little and big: after a child.

4

13 But not now.

14 Ye shall see that hour, o blessèd Beast, and thou the Scarlet Concubine of his desire!

15 Ye shall be sad thereof.

16 Deem not too eagerly to catch the promises; fear not to undergo the curses. Ye, even ye, know not this meaning all.

17 Fear not at all; fear neither men, nor Fates, nor gods, nor anything. Money fear not, nor laughter of the folk folly, nor any other power in heaven or upon the earth or under the earth. Nu is your refuge as Hadit your

5

light: and I am the strength, force, vigour, of your arms.

18 Mercy let be off: damn them who pity. Kill and torture; spare not; be upon them!

19 That stélé they shall call the Abomination of Desolation; count well its name, & it shall be to you as 718.

20 Why? Because of the fall of Because, that he is not there again.

21 Set up my image in the East: thou shalt buy thee an image which I will show thee, especial, not unlike the one thou knowest. And it shall be suddenly easy for thee to do this.

6

22. The other images group around me to support me: let all be worshipped, for they shall cluster to exalt me. I am the visible object of worship; the others are secret; for the Beast & his Bride are they: and for the winners of the Ordeal x. What is this? Thou shalt know.

23 For perfume mix meal & honey & thick leavings of red wine: then oil of Abramelin and olive oil, and afterward soften & smooth down with rich fresh blood!

24 The best blood is of the moon, monthly: then the fresh blood of a child, or dropping from the

7

host of heaven: blood of enemies; blood
of the priest of the worshippers: best of
some beast, no matter what.
25 This burn: of this make cakes & eat unto
me. This hath also another use; let it be
laid before me, and kept thick with perfumes
of your orison: it shall become full of beetles
as it were and creeping things sacred unto me.
26 These slay, naming your enemies & they shall
fall before you.
27 Also these shall breed lust & power of lust in
you at the eating thereof.
28 Also ye shall be strong in war.

8

29 Moreover, be they long kept, it is better; for they swell with my force. All before me.

30 My altar is of open brass work: burn thereon in silver or gold.

31 There cometh a rich man from the West who shall pour his gold upon thee.

32 From gold forge steel:

33 Be ready to fly or to smite.

34 But your holy place shall be untouched throughout the centuries: though with fire and sword it be burnt down & shattered, yet an invisible house there standeth and shall stand until the fall of the Great

9

Equinox, when Hrumachis shall arise and
the double-wanded one assume my throne and
place. Another prophet shall arise, and bring
fresh fever from the skies; another woman shall
wake the lust & worship of the Snake; another
soul of God and beast shall mingle in the
globed priest; another sacrifice shall stain
the tomb; another king shall reign; and blessing
no longer be poured To the Hawk-headed
mystical Lord!

35. The half of the word of Heru-ra-ha, called
Hoor-pa-kraat and Ra-Hoor-Khut.

36 Then said the prophet unto the God.   10
37 "I adore thee in the song
   "I am the Lord of Thebes" &c from Vellum book
         — "fill me"
38 So that thy light is in me & its red flame
   is as a sword in my hand to push thy
   order. There is a secret door that I shall
   make to establish thy way in all the quarters
   (these are the adorations, as thou hast written)
   as it is said
        "The light is mine" &c
   from vellum book to "Ra-Hoor-Khuit"

11

39 All this and a book to say how thou didst come hither and a reproduction of this ink and paper for ever — for in it is the word secret & not only in the English. and thy comment upon this the Book of the Law shall be printed beautifully in red ink and black upon beautiful paper made by hand; and to each man and woman that thou meetest, were it but to dine or to drink at them, it is the Law to give. Then they shall chance to abide in this bliss or no; it is no odds. Do this quickly!

40 But the work of the comment? That is easy;

12

Hadit burning in My heart shall make swift and sure my pen.

Establish at thy Kaaba a clerk-house: all must be done well and with business way.

. The ordeals thou shalt oversee thyself, save only the blind ones. Refuse none, but thou shalt know & destroy the traitors. I am Ra-Hoor-Khuit; and I am powerful to protect my servant. Success is thy proof: argue not; convert not; talk not overmuch. Them that seek to entrap thee, to overthrow thee, them attack without pity or quarter; & destroy them utterly. Swift as a trodden serpent turn

13

and strike! Be thou yet deadlier than he!
42 Drag down their souls to awful torment: laugh at their fear: spit upon them!
43 Let the Scarlet Woman beware! If pity and compassion and tenderness visit her heart; if she leave my work to toy with old sweetnesses; then shall my vengeance be known. I will slay me her child: I will alienate her heart: I will cast her out from men: as a shrinking and despised harlot shall she crawl through dusk wet streets, and die cold and an-hungered.

44. But let her raise herself in pride. Let her follow me in my way. Let her work the work of wickedness! Let her kill her heart! Let her be loud and adulterous; let her be covered with jewels and rich garments, and let her be shameless before all men!

45. Then will I lift her to pinnacles of power: then will I breed from her a child mightier than all the kings of the earth. I will fill her with joy: with my force shall she see & strike at the worship of Nu: she shall achieve Hadit.

15

46. I am the warrior Lord of the Forties: the eighties cower before me, & are abased. I will bring you to victory & joy: I will be at your arms in battle & ye shall delight to slay. Success is your proof; courage is your armour; go on, go on, in my strength & ye shall turn not back for any.

47. This book shall be translated into all tongues: but always with the original in the writing of the Beast; for in the

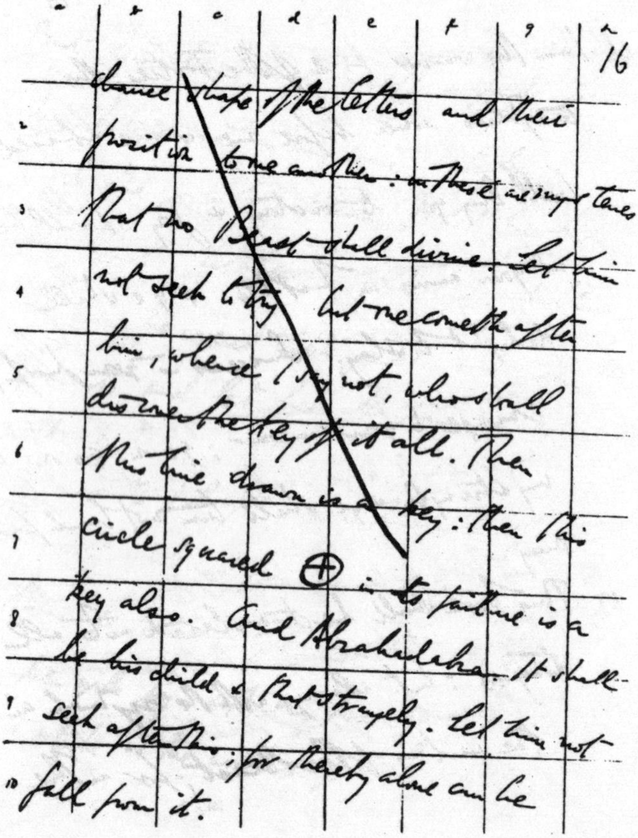
a b c d e f g h
16
chance shape of the letters and their
position to one another: in these are mysteries
that no Beast shall divine. Let him
not seek to try: but one cometh after
him, whence I say not, who shall
discover the Key of it all. Then
this line drawn is a key: then this
circle squared ⊕ in its failure is a
key also. And Abrahadabra. It shall
be his child & that strangely. Let him not
seek after this; for thereby alone can he
fall from it.

17

48. Now this mystery of the letters is done, and I want to go on to the holier place.

49. I am in a secret fourfold word, the blasphemy against all gods of men.

50. Curse them! Curse them! Curse them!

51. With my Hawk's head I peck at the eyes of Jesus as he hangs upon the cross.

52. I flap my wings in the face of Mohammed & blind him.

53. With my claws I tear out the flesh of the Indian and the Buddhist, Mongol and Din.

54. Bahlasti! Ompehda! I spit on your

18

crapulous creeds.
55. Let Mary inviolate be torn upon wheels: for her sake let all chaste women be utterly despised among you.
56. Also for beauty's sake and love's.
57. Despise also all cowards; professional soldiers who dare not fight, but play; all fools despise.
58. But the keen and the proud, the royal and the lofty; ye are brothers.
59. As brothers fight ye.
60. There is no law beyond Do what thou wilt.
61. There is an end of the word of the God

19

enthroned in Ra's seat, lightening the girders of the soul.
62 To Me do ye reverence; to me come ye through tribulation of ordeal, which is bliss.
63 The fool readeth this Book of the Law, and its comment; & he understandeth it not.
64 Let him come through the first ordeal, & it will be to him as silver
65 Through the second, gold
66 Through the third, stones of precious water
67 Through the fourth, ultimate sparks of the intimate fire.

68 Yet to all it shall seem beautiful. Its enemies who say not so, are mere liars.
69 There is success
70 I am the Hawk-Headed Lord of Silence & of Strength; my nemyss shrouds the night-blue sky.
71 Hail! ye twin warriors about the pillars of the world! for your time is nigh at hand
72 I am the Lord of the Double Wand of Power; the force of Coph Nia — the wand of the ~~~~ = I but my left hand is empty, for I have crushed

21

an Universe & nought remains.

73 Paste the sheets from right to left and from top to bottom: then behold!

74 There is a splendour in my name hidden and glorious, as the sun of midnight is ever the son

75 The ending of the words is the Word Abrahadabra.

The Book of the Law is Written and Concealed
Aum. Ha.

O COMENTÁRIO

"Faz o que tu queres" há de ser o todo da Lei.

O estudo deste livro é proibido. É sábio destruir esta cópia após a primeira leitura.

Quem quer que desconsidere isso o faz por sua própria conta e risco. Esses são os mais terríveis.

Aqueles que discutem o conteúdo deste Livro devem ser evitados por todos, como centros de pestilência.

Todas as questões da Lei devem ser decididas apenas por recurso aos meus escritos, cada um por si mesmo.

Não existe Lei além de "Faz o que tu queres".

Amor é a lei, amor sob vontade.

O sacerdote dos príncipes,

Ankh-f-n-khonsu

A∴ A∴

Publicação em Classe A

LIBER

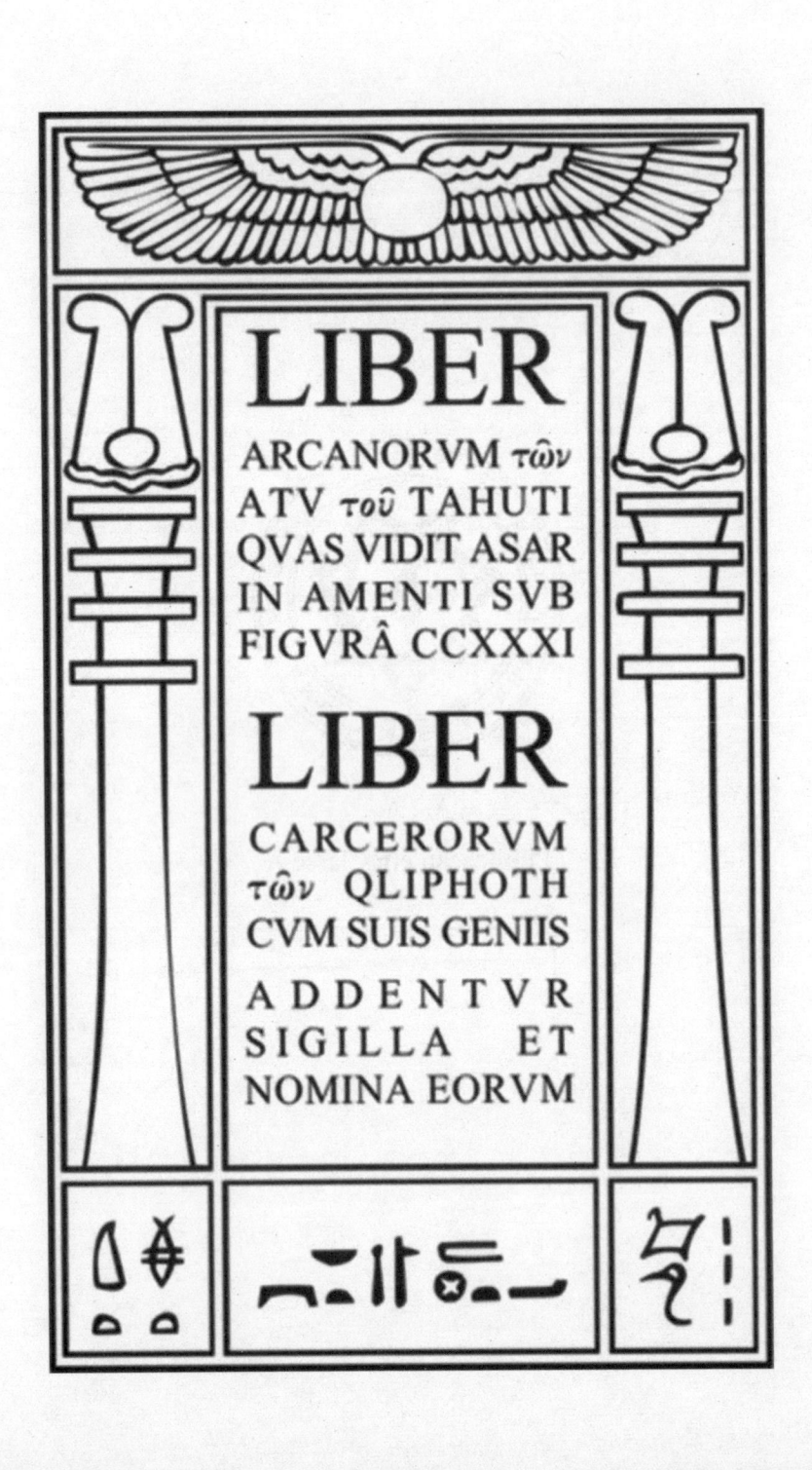

ARCANORVM τῶν ATV τοῦ TAHUTI QVAS VIDIT ASAR IN AMENTI SVB FIGVRÂ CCXXXI

LIBER

CARCERORVM τῶν QLIPHOTH CVM SUIS GENIIS ADDENTVR SIGILLA ET NOMINA EORVM

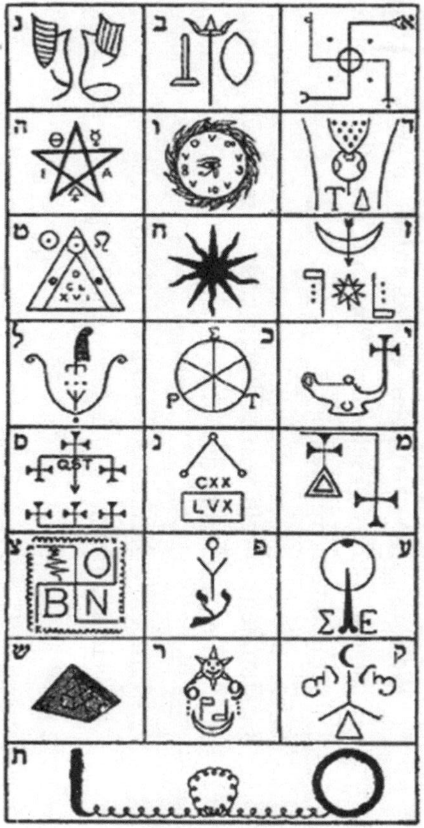

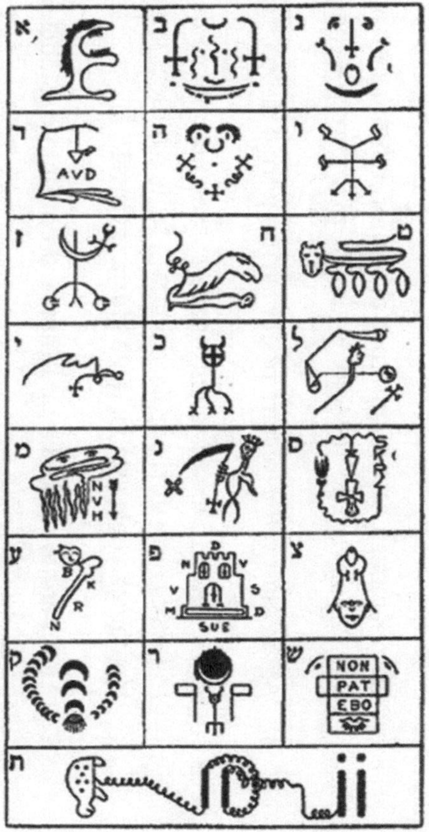

(Este livro é verdadeiro acima do grau de Adeptus Exemptus.V. V.V.V.V. 8º, 38.)

0. A, o coração de IAO habita em êxtase no local secreto dos trovões. Entre Asar e Asi ele vive em júbilo.

1. Os relâmpagos aumentaram e o Senhor Tahuti se manifestou. A Voz veio do Silêncio. Então o Único correu e voltou.

2. Agora Nuit velou-se para poder abrir o portão de sua irmã.

3. A Virgem de Deus está entronada sobre uma concha de ostra; ela é como uma pérola, e busca Setenta para seus Quatro. No coração dela está Hadit, a glória invisível.

4. Agora ergue-se Ra-Hoor-Khuit, e o domínio é estabelecido na Estrela da Flama.

5. A Estrela da Flama também é exaltada, trazendo bênçãos para o universo.

6. Então aqui embaixo o Eros alado, está a juventude, se deliciando em um e em outro.

Ele é Asar entre Asi e Nepthi; ele saiu do véu.

7. Ele cavalga na carruagem da eternidade; o branco e o preto estão atrelados ao seu carro. Portanto, ele reflete o Louco, e o sétuplo véu é revelado.

8. Também surgiu a mãe Terra com o seu leão, igualmente Sekhet, a senhora de Asi.

9. Também o Sacerdote velou a si mesmo, receando que sua glória fosse profanada, que seu mundo se perdesse na multidão.

10. Ora, o Pai de tudo manifestou-se como uma roda poderosa; a Esfinge, e o deus com cabeça de cão, e Tífon foram confinados na sua circunferência.

11. Outrossim, a senhora Maat, com sua pena e sua espada, tomou seu lugar para julgar os justos. Pois o Destino já estava determinado.

12. Então o sacratíssimo apareceu nas grandes águas do Norte; ele surgiu como uma aurora dourada, trazendo bênçãos para o universo caído.

13. Asar também estava oculto em Amennti; e os Senhores do Tempo assolaram-no com a foice da morte.

14. E um anjo poderoso apareceu como uma mulher, derramando frascos de desgraças sobre as flamas, iluminando a pura corrente com sua marca de maldição. E a iniquidade foi muito grande.

15. Então o Senhor Khem se ergueu, Ele que é sagrado entre os mais elevados, e levantou seu cajado coroado para redimir o universo.

16. Ele golpeou as torres de lamentação; ele as quebrou em pedaços no fogo da sua raiva, de modo que apenas ele escapou das suas ruínas.

17. Transmutada, a virgem sagrada apareceu como um fogo fluídico, transformando sua beleza em um raio. Por meio dos seus encantamentos, ela invocou o Escaravelho, o Senhor Kheph-Ra, de modo que as águas fossem divididas e a ilusão das torres fosse destruída.

18. Por meio dos seus encantamentos, ela invocou o Escaravelho o Senhor Kheph-Ra, de modo que as águas fossem dividas e a ilusão das torres fosse destruída.

19. Então o sol apareceu límpido, e a boca de Asi estava sobre a boca de Asar

20. Então também a Pirâmide foi construída a fim de que a Iniciação pudesse ser completada.

21. E no coração da Esfinge dançou o Senhor Adonai, em Suas grinaldas de rosas e pérolas, alegrando a confluência das coisas; sim, alegrando a confluência das coisas.

Os Gênios[28] das 22 Escalas da Serpente e das Qliphoth

א	Aεu-iao-uεa [ε = ע]	Amprodias
ב	Beεθaoooabitom	Baratchial
ג	Gitωnosapφωllois	Gargophias
ד	Dhnaʒartarωθ [ʒ = st]	Dagadgiel
ה	Hoo-oorω-iʒ	Hemethterith
ו	Vuaretza—[seguido por um nome secreto]	Uriens
ז	Zooωasar	Zamradiel
ח	Chiva-abrahadabra-cadaxviii	Characith
ט	θalεʒer-ā-dekerval	Temphioth
י	Iehuvahaʒanεθatan	Yamatu
כ	Kerugunaviel	Kurgasiax
ל	Lusanaherandraton	Lafcursiax
מ	Malai	Malkunofat
נ	Nadimraphoroiozεθalai	Niantiel
ס	Salaθlala-amrodnaqεiʒ	Saksaksalim
ע	Oaoaaaoooε-iʒ	A'ano'nin
פ	Puraθmetai-apηmetail	Parfaxitas
צ	Xanθaʒeranϵʔ-iʒ [ϵʔ = sh, q] . . .	Tzuflifu
ק	QaniΔnayx-ipamai	Qulielfi
ר	Ra-a-gioselahladnaimawa-iʒ	Raflifu
ש	Shabnax-odobor	Shalicu
ת	Thath'th'thithεthuth-thiʒ	Thantifaxath

---

28. *Gennie*, plural de *Genie*; do latim *Genius*, correspondente ao árabe *Jinn* ou *Djinn*.

A∴ A∴

Publicação em Classe A

LIBER A'ASH
VEL CAPRICORNI PNEVMATICI
SVB FIGVRÂ CCCLXX

0. Carvalho Nodoso de Deus! Em teus galhos o relâmpago está aninhado! Acima de ti paira o Falcão Sem Olhos.

1. Tu és carcomido e negro! Supremamente solitário nesse urzal coberto por arbustos.[29]

2. Para cima! As nuvens rubras pairam sobre ti! É a tempestade.

3. Há um rasgão flamejante no céu.

4. Acima.

5. Tu és lançado nas garras da tempestade durante um æon e um æon e um æon. Mas tu não entregas tua seiva; tu não cais.

6. Apenas no fim tu desistirás de tua seiva, quando o grande Deus F.I.A.T. for entronizado no dia do Esteja-Conosco.

7. Pois duas coisas estão feitas e uma terceira coisa se inicia. Ísis e Osíris se entregaram ao incesto e ao adultério. Hórus salta triplamente armado do ventre de sua mãe. Harpócrates, seu gêmeo, está escondido dentro dele. Set é a aliança sagrada dele, a que ele exibirá no grande dia de M.A.A.T., que está sendo interpretado pelo Mestre do Templo da A∴A∴, cujo nome é Verdade.

8. Agora, nisto está o poder mágico conhecido.

9. É como o carvalho que se endurece e se sustenta contra a tempestade. Castigado pelas condições climáticas, ele é cicatrizado e confiante como um capitão do mar.

10. Ele também se debate como um cão de caça na coleira.

---

29. *Heath of scrub*. Breslauer traduziu como "charneca de mato", Lucchesi Cardoso como "charneca de arbustos" e Frater Keron-ε como "nesse arbusto". *Heath* designa tanto a urze (nome comum a várias plantas da família das ericáceas), quanto o urzal, conhecido em Portugal como "charneca". Porém, no Brasil o nome "charneca" costuma ser identificado com os pântanos. *Scrub*, por sua vez, pode ser traduzido tanto por manta quanto por arbusto.

11. Ele tem orgulho e grande sutileza. Sim, e igualmente divertimento!

12. Que o Magus aja assim em sua conjuração.

13. Que ele se sente e conjure; que ele se mova nesse fortalecimento; que depois ele se erga inchado e tensionado; que ele tire o capuz de sua cabeça e fixe o seu olho de basilisco sobre o sinal[30] do demônio. Então, que ele empregue a sua força para lá e para cá, como um sátiro em silêncio, até que a Palavra irrompa de sua garganta.

14. Que ele não caia exausto, embora o poder tenha sido dez mil vezes maior do que o humano; mas aquilo que o inunda é a infinita misericórdia do Genitor-Genetriz[31] do Universo, do qual ele é o Receptáculo.

15. Não te enganes! É fácil contar a força viva a partir da matéria morta. Não é mais fácil contar a serpente viva a partir da serpente morta.

16. Igualmente no que concerne aos votos. Sê obstinado, e não sejas obstinado. Compreende que a complacência da Yoni é uma com o alongamento do Lingam. Tu és ambos; e teu voto é senão o farfalhar do vento sobre o Monte Meru.

17. Ora, tu me adorarás, eu que sou o Olho e o Dente, o Bode do Espírito, o Senhor da Criação. Eu sou o Olho no Triângulo, a Estrela de Prata que vós adorais.

18. Eu sou Baphomet, que é a Palavra Óctupla, que será equilibrada com o Três.

---

30. Conforme a nota 15.
31. *Genitor-Genetrix*. O texto-fonte em inglês preserva a grafia do latim, semelhante à do português.

19. Não existe ato ou paixão que não será um hino em minha honra.

20. Todas as coisas sagradas e todas as coisas simbólicas serão meus sacramentos.

21. Estes animais são sagrados para mim; o bode, e o pato, e o jumento, e a gazela, o homem, a mulher e a criança.

22. Todos os cadáveres são sagrados para mim; eles não deverão ser tocados, salvo em minha eucaristia. Todos os lugares solitários são sagrados para mim; onde um homem reunir-se em meu nome, lá eu saltarei no meio dele.

23. Eu sou o deus medonho e quem me domina é mais feio do que eu.

24. No entanto, eu dou mais do que Baco e Apolo; minhas dádivas superam a oliva e o cavalo.

25. Quem me venera, deve venerar-me com muitos ritos.

26. Eu estou oculto com todos os ocultamentos, quando o Mais Sagrado Ancião é despido e conduzido à praça do mercado, eu permaneço secreto e à parte.

27. Quem eu amo, eu castigo com muitas chibatadas.

28. Todas as coisas são sagradas para mim; coisa alguma é sagrada para mim.

29. Pois não existe sacralidade onde Eu não estou.

30. Não temas quando eu cair na fúria da tempestade, pois minhas sementes[32] serão lançadas ao longe pelo vento; em

---

32. *Acorns*, plural de *acorn*, que é o nome das sementes e dos frutos dos carvalhos. A palavra portuguesa correspondente é "bolota".

verdade, eu me levantarei novamente, e meus filhos ao meu redor, assim nós ergueremos nossa floresta na Eternidade.

31. Eternidade é a tempestade que me cobre.

32. Eu sou Existência, a Existência que não existe salvo por meio de sua própria Existência, que está além da Existência das Existências, e mais profundamente enraizada que a Árvore-do-Nada na Terra do Nada.[33]

33. Agora, portanto, tu sabes quando eu estou dentro de ti, quando o meu capuz está espalhado sobre teu crânio, quando o meu poder é maior do que o do confinado Indo[34] e irresistível como a Geleira Gigante.

34. Pois, assim como tu estás diante de uma mulher lasciva em Tua nudez no bazar, tragado pela dissimulação e pelos sorrisos dela, tu também estás totalmente, e não mais em parte, diante do símbolo do amado, ainda que seja apenas um Pisacha ou um Yantra ou um Deva.

35. E em tudo tu deverás criar a Infinita Bem-Aventurança e o próximo elo da Corrente Infinita.

36. Esta corrente estende-se de Eternidade a Eternidade, sempre em triângulos – o meu símbolo não é um triângulo? – sempre em círculos – o símbolo do Bem-Amado não é um círculo? Nisso está a base de toda ilusão de progresso, pois todo círculo é semelhante e todo triângulo é semelhante!

---

33. *No-Thing-Tree in the Land of No-Thing. No-thing*, de **nothing** (nada), significa "não coisa", "coisa alguma", "não existente", "inexistente". Breslauer traduziu como "Árvore--do-nada na Terra do Nada", Frater Keron-ε como "Nenhuma Árvore na Terra do Nada" e Cardoso como "Árvore-do-Nada na Terra-do-Nada". Outra possibilidade seria "Árvore Não Existente na Terra do Não Existente".
34. *Penned Indus*. O adjetivo tem três significados distintos: "confinado", "plumado" e "escrito". O substantivo nomeia um dos mais destacados rios do subcontinente indiano, bem como o vale banhado por ele. O aforismo 39 menciona as águas do rio.

37. Mas o progresso é progresso e progresso é êxtase, constante, deslumbrante, chuvas de luz, ondas de orvalho, flamas do cabelo da Grande Deusa, flores das rosas que estão em volta do pescoço dela, Amém!

38. Portanto, ergue-te como eu estou erguido. Controla-te, como Eu sou mestre em fazê-lo. No fim, esteja o fim tão distante quanto as estrelas que jazem no umbigo de Nuit, mata-te a ti mesmo, assim como eu sou morto ao final, na morte que é vida, na paz que é mãe da guerra, na escuridão que detém a luz em sua mão como uma meretriz que arranca uma joia das suas narinas.

39. Por conseguinte, o princípio é deleite e o Fim é deleite, e o deleite está no meio, assim como o Indo é água na caverna da geleira, e água entre as grandes colinas e as colinas menores, e através das muralhas na colina e através das planícies, e água na foz quando deságua no poderoso mar, sim, no poderoso mar.

A∴ A∴

Publicação em Classe A

LIBER TAV

VEL
KABBALÆ
TRIVM
LITERARVM

SVB FIGVRÂ

CD

O Magister Templi, o Adeptus, o Neófito [8° = 3□, 5° = 6□, 0° = 0□].

A Derradeira Ilusão, a Ilusão da Força, a Ilusão da Matéria.

As Funções das 3 Ordens: Silêncio na Fala; Silêncio; Fala no Silêncio: Construção, Preservação, Destruição.

O Supremo Desvelamento (ou Desvelamento da Luz), o Desvelamento do Amor.

Equilíbrio; na Pedra Cúbica, no Caminho e entre as Conchas.

Os Rituais de Iniciação: 8° = 3□, 5° = 6□, 0° = 0□: Asar, como Touro, como Homem, como Sol.

Os Ordálios da Iniciação, 8° = 3□, 5° = 6□, 0° = 0□: Nascimento, Morte, Ressurreição.

A∴ A∴

Publicação em Classe A

LIBER
DCCCXIII
VEL
ARARITA
SVB FIGVRÂ
DLXX

I

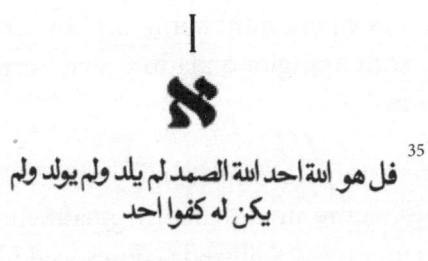

א

قل هو الله أحد الله الصمد لم يلد ولم يولد ولم يكن له كفوا أحد [35]

30

1. Ó, meu Deus! Um é o Teu Princípio! Um é o Teu Espírito, e Tua Permutação é Una!

2. Deixa-me exaltar Tuas perfeições perante os homens.

3. Na Imagem de uma Estrela Sêxtupla que flameja através da Abóbada[36] inane, deixa-me re-velar[37] as Tuas perfeições.

4. Tu apareceste para mim como um Deus idoso, um Deus venerável, o Senhor do Tempo, empunhando uma foice afiada.

5. Tu apareceste para mim como um Deus jucundo e rubro, cheio de Majestade, um Rei, um Pai no seu apogeu. Tu empunhavas o cetro do Universo, coroado com a Roda do Espírito.

6. Tu apareceste para mim como um Deus jovem e brilhante, um deus de música e beleza, tal qual um jovem deus em seu vigor, tocando lira.

7. Tu apareceste para mim como a espuma branca do Oceano compondo membros mais brancos do que a espuma, os membros de um milagre de mulher, como uma deusa de extremo amor, vestindo o cinturão de ouro.

---

35. Citação da surata *Al'Ikhlass* (A Unicidade), do *Alcorão*. Na tradução de Samir El Hayek: "Ele é Allah, o Único! Allah! O Eterno e Absoluto! Jamais gerou ou foi gerado! E ninguém é comparável a Ele!".
36. *Vault* também apresenta os sentidos de "cúpula", "cripta", "porão", "cave" e "caverna". Nossa opção baseia-se no comentário de Frater Apollonius, segundo o qual esta passagem faz referência ao céu (abóboda celeste) da Starry Gnosis.
37. *Re-veil* é uma hifenização do verbo *reveil*, com grafia que caiu em desuso e foi substituída por *reveal*, revelar.

8. Tu apareceste para mim como um jovem menino, travesso e amável, com Teu globo alado e suas serpentes postas sobre um cajado.

9. Tu apareceste para mim como uma caçadora em meio aos Teus cães, como uma deusa virginalmente casta, como uma lua por entre os carvalhos das florestas desbotados pelos anos.

10. Porém, eu não fui enganado por nenhum destes. Todos estes eu deixei de lado, gritando: fora daqui! De modo que todos desapareceram da minha vista.

11. Ademais, eu soldei a Estrela Flamejante e a Estrela Sêxtupla na forja de minha alma, e contemplei! uma nova estrela 418 que está acima de todas.

12. Ainda assim, eu não fui enganado; pois a coroa tem doze raios.

13. E estes doze raios são um.

II
ו

0. Ora, então eu vi estas coisas avessas e más; e elas não eram, assim como Tu Não és.

1. Eu vi as cabeças gêmeas que sempre lutavam uma contra a outra, de modo que todo o seu pensamento é uma confusão. Eu Te vi nelas.

2. Eu vi os obscurecedores[38] da sabedoria, como símios negros guinchando vil *nonsense*. Eu Te vi neles.

---

38. *Darkeners*, plural de *darkener*, o que escurece ou obscurece (*darken*).

3. Eu vi as mães devoradoras do Inferno, que devoravam seus filhos – ó, vós, que não possuís entendimento! Eu Te vi nelas.

4. Eu vi os impiedosos e abjetos, como harpias dilacerando sua comida asquerosa. Eu Te vi neles.

5. Eu vi os incandescentes, gigantes como vulcões, expelindo o vômito negro de fogo e fumaça em sua fúria. Eu Te vi neles.

6. Eu vi os mesquinhos, os irascíveis, os egoístas – eles eram como homens, ó, Senhor, eles eram mesmo parecidos com homens. Eu Te vi neles.

7. Eu vi os corvos da morte, que voavam com gritos roucos por sobre as carniças da terra. Eu Te vi neles.

8. Eu vi os espíritos mentirosos como sapos sobre a terra, e sobre a água, e sobre o metal traiçoeiro que corrói todas as coisas e não permanece. Eu Te vi neles.

9. Eu vi os obscenos, homens-touro presos no abismo de putrefação, que mordiam as línguas uns dos outros causando dor. Eu Te vi neles.

10. Eu vi a Mulher. Ó, meu Deus, eu contemplei a imagem dela, exatamente como uma adorável silhueta que ocultava um macaco preto, exatamente como uma figura que puxava com as suas mãos pequenas imagens de homens para dentro do inferno. Eu a vi da cabeça ao umbigo como uma mulher, do umbigo aos pés como um homem. Eu Te vi mesmo nela.

11. Pois era minha a senha para o Palácio Fechado 418 e eram minhas as rédeas da Carruagem das Esfinges, preta e branca. Mas eu não fui enganado por nenhuma dessas coisas.

12. Pois eu a expandi pela minha sutileza nos Doze Raios da Coroa.

13. E esses doze raios eram Um.

III
א

0. Dizes tu que Ele, Deus, é uno; Deus é O Eterno; nem possui Ele qualquer Igual, ou qualquer Filho, ou qualquer Companheiro. Nada permanecerá de pé diante da face d'Ele.

1. Mesmo por quinhentas e onze vezes à noite por um e quarenta dias, eu gritei alto ao Senhor a afirmação da Unidade d'Ele.

2. Eu também glorifiquei a sabedoria d'Ele, pela qual Ele criou os mundos.

3. Sim, eu louvei a Ele pela Sua essência inteligível, pela qual o universo se iluminou.

4. Eu agradeci a Ele pela Sua multifacetada misericórdia; eu venerei a magnificência e a majestade d'Ele.

5. Eu tremi perante o poder d'Ele.

6. Eu me deleitei na Harmonia e na Beleza de Sua Essência.

7. Na Vitória d'Ele eu persegui os inimigos d'Ele; sim, eu os derrubei no precipício; Eu trovejei[39] sobre eles até o mais profundo abismo; sim, ali eu compartilhei da glória do meu Senhor.

8. O Esplendor d'Ele brilhou sobre mim; eu venerei o adorável esplendor d'Ele.

9. Eu descansei, admirando a Estabilidade d'Ele, como o estremecer do Universo d'Ele, a dissolução de todas as coisas não conseguem abalá-Lo.

---

39. *Thundered* e "trovejar" têm os sentidos figurados de falar em voz muito alta e esbravejar.

10. Sim, em verdade, eu, o Senhor Vice-Regente do Reino d'Ele, eu, Adonai, que falo ao meu servidor V.V.V.V.V., regi e governei no lugar d'Ele.

11. Ainda assim eu formulei a palavra de duplo poder na Voz do Mestre, a saber, a palavra 418.

12. E todas estas coisas não me enganaram, pois eu as expandi pela minha sutileza nos Doze Raios da Coroa.

13. E esses doze raios eram Um.

IV
ר

0. Outrossim, a pequena criança, o amante de Adonai, mesmo V.V.V.V.V., refletindo a glória de Adonai, ergueu sua voz e disse:

1. Glória a Deus, e graças a Deus! Existe apenas um Deus, e Deus é excessivamente grande. Ele está sobre nós, e não existe vigor exceto N'Ele, o exaltado, o grande.

2. Logo, V.V.V.V.V. enlouqueceu e perambulou nu.

3. E todas estas coisas desapareceram, pois ele compreendeu todas elas, que elas eram nada mais do que velhos trapos sobre a Divina Perfeição.

4. Ele também se apiedou por todas elas, pois eram nada mais que reflexos distorcidos.

5. Ele também as feriu, para que elas não tivessem domínio sobre o justo.

6. Ele também as harmonizou em uma pintura, bela de se contemplar.

7. E assim, tendo-as conquistado, havia um certo encantamento de sacralidade mesmo na esfera vazia de brilho externo.

8. De modo que tudo tornou-se esplêndido.

9. E tendo-as firmemente estabelecido em ordem e disposição,

10. Ele proclamou a perfeição, a noiva, o deleite de Deus na criação d'Ele.

11. Mas, embora tenha ele assim trabalhado, ele sempre julgou a sua obra pela Estrela 418.

12. E isso não o enganou; pois pela sua sutileza ele expandiu tudo nos Doze Raios da Coroa.

13. E esses doze raios eram Um.

V
ק

0. No lugar da cruz o ponto indivisível que não tinha pontos, nem partes, nem magnitude. Também não tinha posição, estando além do espaço. Tampouco tinha existência no tempo, pois está além do Tempo. Nem tinha causa ou efeito, vendo que seu Universo é infinito de todos os modos, e não compartilha destas nossas concepções.

1. Então escreveu οὐ μή⁴⁰ o Adeptus Exemptus, e as gargalhadas dos Mestres do Templo não o acanharam.

2. Nem estava ele envergonhado, ouvindo as gargalhadas dos pequenos cães do inferno.

3. Pois ele permanece no lugar dele, e sua falsidade era verdade no lugar dele.

4. Os pequenos cães não conseguem corrigi-lo, pois eles nada podem fazer além de latir.

5. Os mestres não conseguem corrigi-lo, pois eles dizem: Vem e vê.

6. E eu vim e vi, mesmo eu, Perdurabo, o Philosophus do Colégio Externo.

7. Sim, mesmo eu, o homem, contemplei esta maravilha.

8. E eu não pude transmitir isso a mim mesmo.

9. Aquilo que me ampara é invisível e incognoscível em sua essência.

10. Apenas aqueles que conhecem ISSO podem ser conhecidos.

11. Pois eles têm o gênio da poderosa espada 418.

12. E eles não foram enganados por nenhuma destas coisas; pois, por meio da sua sutileza, eles expandiram-nas todas nos Doze Raios da Coroa.

13. E esses doze raios eram Um.

---

40. Em grego: dupla negação que poderia ser traduzida como "não, certamente não". Também faz referência a O.M., Motto de Crowley no grau de Adeptus Exemptus.

VI
ה

0. Mais e mais profundamente no atoleiro das coisas! Mais e mais longe na Expansão do Abismo sem-fim.

1. A grande deusa que se curva sobre o Universo é minha amante; eu sou o globo alado no coração dela.

2. Eu me contraio sempre, enquanto ela sempre se expande;

3. No fim, tudo é um.

4. Nossos amores trouxeram o nascimento do Pai e Criador de todas as coisas.

5. Ele estabeleceu os elementos; o éter, o ar, a água, a terra e o fogo.

6. Ele fixou as estrelas errantes[41] em suas rotas.

7. Ele arou com as sete estrelas do seu Arado, para que as Sete pudessem deveras se mover, ainda que sempre apontando para o Imutável.

8. Ele estabeleceu os Oito Cinturões, com os quais ele cingiu os globos.

9. Ele estabeleceu a Trindade das Tríades em todas as coisas, fazendo fogo de fogo, e ordenando todas as coisas na Morada Estável dos Reis do Egito.

10. Ele estabeleceu a norma d'Ele no reino d'Ele.

---

41. *Wandering Star* também é um modo arcaico de se referir a planeta. Vale lembrar que *planomai*, em grego, significa "errante".

11. Entretanto, o Pai também se curvou ao Poder da Estrela 418 e assim,

12. Em sua sutileza, Ele expandiu isso tudo nos doze raios da Coroa.

13. E esses doze raios eram Um.

VII

א

0. Por conseguinte, no poder do Leão, eu formulei a mim mesmo aquele fogo santo e informe, קדש , que se lançou e lampeja pelas profundezas do Universo.

1. Ao toque do Fogo Kadosh,[42] a terra derreteu em um fluido[43] claro como água.

2. Ao toque do Fogo Kadosh, a água evaporou-se em um ar translúcido.

3. Ao toque do Fogo Kadosh, o ar inflamou-se e tornou-se Fogo.

4. Ao toque do Fogo Kadosh, ó, Senhor, o Fogo dissipou-se no Espaço.

5. Ao toque do Fogo Kadosh, ó, Senhor, o Espaço resolveu-se em uma Profundidade da Mente.

6. Ao toque do Fogo Kadosh, a Mente do Pai rompeu-se no Resplendor de nosso Senhor, o Sol.

---

42. *Qadosh*, transliteração do hebraico קדש . Em português usa-se a grafia "Kadosh". A palavra, traduzida como "sagrado" ou "santo", também significa "separado", identificando a separação entre o sagrado e o profano.
43. *Liquor*, em latim, significa "líquido". Em inglês, além de designar qualquer substância líquida, também se refere a fluidos espirituais.

7. Ao toque do Fogo Kadosh, o Resplendor de nosso Senhor foi absorvido no Nada de nossa Senhora do Corpo do Leite das Estrelas.

8. Somente então o Fogo Kadosh extinguiu-se, quando o Entrante foi trazido de volta da soleira,

9. E o Senhor do Silêncio firmou-se sobre a flor de Lótus.

10. Então foi firmado tudo aquilo que tinha de ser firmado.

11. E Tudo e Um e Nada foram mortos na matança do Guerreiro 418,

12. No assassinato da sutileza que expandiu todas estas coisas nos Doze Raios da Coroa,

13. Que retornou ao Um, e além do Um, tal qual a visão do Louco, que em sua loucura cantou a palavra ARARITA, e além da Palavra e do Louco; sim, além da Palavra e do Louco.

Apêndice

Liber LXXVII

Oz:
"a lei
do forte:
esta é a nossa lei
e o júbilo
do mundo"

– AL. II. 21

"'Faz o que tu queres' deverá ser o todo da Lei." – AL. I. 40.

"Tu não tens direito senão fazer a tua vontade. Faz isto e nenhum outro dirá não." – AL. I. 42-43.

"Todo homem e toda mulher são estrelas." – AL. I. 3.

Não existe deus senão o homem.

1. O homem tem o direito de viver pela sua própria lei. –
   de viver da maneira que ele quiser:
   de trabalhar como ele quiser:
   de brincar como ele quiser:
   de descansar como ele quiser:
   de morrer quando e como ele quiser.

2. O homem tem o direito de comer o que ele quiser:
   de beber o que ele quiser:
   de morar onde ele quiser:
   de mover-se pela face do planeta como ele quiser.

3. O homem tem o direito de pensar o que ele quiser:

de falar o que ele quiser
de escrever o que ele quiser
de desenhar, pintar, entalhar, gravar, moldar, construir como ele quiser.
de vestir-se como ele quiser.

4. O homem tem o direito de amar como ele quiser:
"Tomai vossa fartura e vontade de amor como quereis, quando, onde e com quem quiserdes!" – AL. I. 51.

5. O homem tem o direito de matar aqueles que contrariarem estes direitos.
"Os escravos servirão." – AL. II. 58.

"Amor é a lei, amor sob vontade." – AL. I. 57.